Rachel Nov '22.
pour St. Raph.

Randonnées dans les îles

Remerciements

À Micheline Faure, mon éditrice, pour avoir cru en ce projet et pour son aide aussi précieuse que spontanée,

à Jean-Paul Rousselet et Isabelle Fortis pour avoir permis la réalisation de cet ouvrage,

à Murielle Dubois pour avoir su homogénéiser toutes les données cartographiques,

à Selectour Afat Bleu Voyages pour l'élaboration des voyages à la carte,

à Pierre Garnier pour ses précieux renseignements concernant l'île de la Dominique,

à Aventure Péi, Mauricette Vout, Jean-Paul Rousselet pour leurs collaborations photographiques,

à tous les offices de tourisme pour leurs diverses informations,

à toutes les sympathiques personnes côtoyées au fil des voyages qui nous ont spontanément proposé leur aide et avec qui nous avons souvent partagé,

à nos guides créoles Justin et Mango qui nous ont fait découvrir les beautés cachées de la Dominique et de Sainte-Lucie avec une bonne humeur et une chaleur tout antillaise,

à mes parents pour m'avoir très tôt donné le goût de la marche et de la découverte,

à Audrey et Violaine pour leur patience lors des pauses photos,

et enfin Dominique pour son aide et ses relectures.

En couverture :
Le Petit Piton et le Gros Piton vus depuis les hauts de Soufrière (Sainte-Lucie).

© 2014 - Éditions Glénat
Couvent Sainte-Cécile
37, rue Servan - 38000 Grenoble

Éditrice : Micheline Faure
Cartographie : Murielle Dubois

www.glenatlivres.com

Tous droits de traduction, de reproduction et d'adaptation réservés pour tous pays.
ISBN : 978-2-344-00174-5
Dépôt légal : novembre 2014

Achevé d'imprimer en Slovénie en octobre 2014 par Ma-Tisk Doo,
sur papier provenant de forêts gérées de manière durable.

Jean-Michel Pouy

Randonnées dans les îles

Méditerranée, Atlantique Caraïbes, océan Indien

Glénat

Pourquoi randonner dans les îles ?

Le jour venait de se lever et les premiers rayons de soleil embrasaient lentement les rues de Roseau. La petite capitale s'animait lentement. Notre excitation n'avait cessé de croître depuis notre descente de l'avion et, avec l'attente de notre guide local, l'impatience allait bientôt atteindre son paroxysme. Assis devant une ancestrale maison flanquée de fenêtres à jalousies et d'un vieux balcon suspendu, nous attendions Justin, l'homme providentiel qui allait guider nos pas sur les hauteurs de la Dominique. Ce jour-là, nous allions découvrir le second plus grand lac bouillonnant au monde…

Une île est un territoire complexe. Il peut être immense ou minuscule, désertique ou luxuriant, ou encore baigné par des climats parfois hostiles ou parfois doux. Pour compliquer, toutes ces particularités peuvent s'assembler pour donner naissance à de pittoresques cocktails. Les îles de tailles raisonnables sont souvent considérées comme des microcontinents et leur visite s'apparente généralement à la découverte d'un condensé de paysages. Qu'elles soient volcaniques, sédimentaires, méditerranéennes ou encore tropicales, elles ont toutes un point commun : être entourée d'eau. Si cela peut apparaître comme une lapalissade, c'est un facteur essentiel dans l'organisation d'un voyage fut-il orienté randonnée. Si l'on considère qu'il est inconcevable de ne pas découvrir une île en marchant, ne fusse qu'épisodiquement, on peut trouver tout aussi dommageable de ne pas profiter de ses rivages en pratiquant des activités complémentaires. La plongée, la baignade ou encore la promenade en mer – que ce soit en kayak ou en voilier – sont autant de pratiques qui se conjuguent parfaitement avec la randonnée.

Dans l'inconscient collectif, les îles représentent l'aventure, la lecture de passionnants récits d'exploration au travers d'improbables contrées ou encore la genèse de romans exaltants. Christophe Colomb, Charles Darwin, James Cook, combien de noms prestigieux ayant marqué notre histoire se trouvent-ils associés à ces continents en abrégé comme les définissait Bernardin de Saint-Pierre ? Plus près de nous, combien de régates et transats disputées par de prestigieux marins nous font-elles rêver lorsque nous parviennent les images des escales sur ces bouts de terre, salvateurs pour certains ?

De plus en plus, les insulaires ont compris qu'ils disposaient d'un patrimoine naturel de tout premier ordre pour promouvoir l'idée de découvrir autrement leur terre. Au fil du temps, les gouvernements ont investi dans la création de parcs et de réserves naturelles tout en posant leurs candidatures à l'Unesco pour la reconnaissance de leurs richesses. Au fil des pages, nous ne bouderons pas notre plaisir à traverser des paysages exceptionnels, bien souvent loin des foules et en parfaite harmonie avec le milieu naturel.

Voici des arguments de poids en faveur des voyages vers les îles destinés aux curieux. Sur notre planète bleue, le choix est pléthorique et il a fallu faire une sélection. Il nous a paru cohérent de limiter la taille des différentes îles retenues afin d'offrir des destinations compatibles avec des séjours limités en temps. C'est ainsi que nous poserons nos bagages entre la Réunion – la plus vaste – et Gozo, la plus petite… Nous omettrons volontairement l'îlot aux Bénitiers (p. 191 haut), minuscule champignon corallien flanqué de quelques petits *filaos* et du drapeau mauricien sur lequel vous le comprendrez, il est bien difficile de débarquer ! Quant à y séjourner…

Au pico do Furado (Madeire).

Sommaire

Eau et gaz à tous les étages 10
Sélection, conseils et suggestions 14

Archipel des Caraïbes

Dominique 24
1 Le morne Trois Pitons 34
2 Le Glassé Trail 34
3 Boiling Lake 35
4 Scott's Head – Fort Cachacrou 36
5 Sulphur Springs 36
6 Le Waitukubuli National Trail 36

Guadeloupe 38
7 La Mamelle de Pigeon ou Déboulé 46
8 Le volcan de la Soufrière 46
9 La chute du Galion 47

Martinique 48
10 La montagne Pelée 55
11 Le canal de Beauregard 55
12 Le morne Larcher 56
13 Le circuit d'Absalon 56
14 Les cascades Didier 57

Sainte-Lucie 58
15 Enbas Saut Waterfall Trail 66
16 Sault Waterfalls 67
17 Le Petit Piton 67
18 Le Gros Piton 68

Archipel des Açores

Faial 74
19 Le volcan des Capelinhos 80
20 Le tour de la caldeira 80
21 Cabeço dos Trinta – La levada du chemin des volcans ... 82
22 Morro de Castelo Branco 83

Pico 84
23 Ponta do Pico 90

São Miguel 92
24 Le lagoa do Congro 98
25 Le lagoa do Fogo 98
26 Le tour du lagoa das Furnas 98
27 Le salto do Prego 100

Archipel de Madère

Madère **106**

28 Les 25 sources 118
29 Les bassins de Ribeira Grande 118
30 Caldeirão Verde 119
31 La traversée royale des Picos (pico Arieiro et pico Ruivo) 119
32 La traversée de Ribeiro Frio vers Portela 120
33 Les cascades de la levada do Norte 120
34 La ponta do São Lourenço 121

Archipel des Canaries

Fuerteventura **126**

35 Cofete par le barranco de Gran Valle et la degollada de Cofete 134
36 Le pico de la Zarza 135
37 Arco del Jurado par les cuevas de Caleta Negra 135
38 La montaña de Tindaya 136
39 Calderon Hondo y montaña Colorada 136

Lanzarote **138**

40 Le circuit d'El Golfo par le lagon vert et la playa d'El Paso 144

Archipel maltais

Gozo **150**

41 Azure Window – San Lawrence cliffs – San Dimitri Point 156
42 Wied il-Mielah Window – Forna Point – Wied il-Ghasri 156
43 Tas Salvatur 157

Malte **158**

44 Dingli cliffs par le chemin des chapelles 166

Archipel des Mascareignes

Réunion **172**

45 La roche Écrite 178
46 Le Grand Bénare 178
47 Le piton d'Anchaing 179
48 Le piton des Neiges 180
49 Le piton de la Fournaise 180

Maurice **182**

50 Le piton de la Petite Rivière Noire 190
51 Le tour de l'île aux Bénitiers 190

Carte générale

Eau et gaz à tous les étages

À l'exception de l'archipel de Malte, toutes les îles présentées sont d'origine volcanique et leur géomorphologie remarquable en révèle toutes les particularités. La plupart du temps, même de manière discrète, l'activité de ces points chauds demeure palpable. Il en résulte des paysages insolites et souvent grandioses qui, lorsque son observation est possible, fascinent bon nombre de visiteurs. Aussi, nombre des randonnées présentées tirent profit de ces sites pittoresques et proposent des itinéraires d'accès afin d'en admirer toutes les facettes.

Peu d'événements naturels sont aussi spectaculaires que les manifestations volcaniques. La tectonique des plaques, à l'origine de ces phénomènes, génère des magmas basaltiques dont la température avoisine les 1 000° Celsius. Dans certains cas, au cours de leur remontée en surface, ces derniers rendus parfois visqueux piègent les gaz ambiants en créant des éruptions très violentes de type nuées ardentes comme ce fut le cas à la montagne Pelée en Martinique en 1902, faisant près de 30 000 morts. Depuis, ce site tristement emblématique est devenu incontournable pour toute personne posant les pieds en Martinique et c'est ainsi que lors de la randonnée de la montagne Pelée (N° 10 p. 55), nous cheminerons sur les flancs de ce volcan extrêmement surveillé dont la dernière éruption date de 1932.

Cependant, le volcanisme (et ses manifestations) ne s'avère pas toujours aussi traumatisant. Dans la même région du globe, le long de la ceinture Caraïbe, foisonnent une multitude de formations volcaniques dont l'observation constitue un objectif de choix pour des randonnées permettant de s'initier à la volcanologie. Fumerolles et grondements à la Soufrière (randonnée N° 8 p. 16), bouillonnement gigantesque au Boiling Lake (randonnée N° 3 p. 35) ou encore spectaculaires étendues de boue en ébullition à Sainte-Lucie sont autant de manifestations qui invitent tout randonneur curieux à concéder quelques efforts pour les approcher.

À l'est, de l'autre côté de l'Atlantique, les archipels européens des Açores, de Madère ou encore des Canaries ne sont pas en reste concernant le volcanisme. Faial aux Açores est mondialement réputée pour l'éruption de son volcan des Capelhinos qui vit à la fin des années 1950 se déplacer d'éminents scientifiques afin d'en observer les manifestations. Nous ne manquerons pas l'ascension de la partie restante du cône (N° 19 p. 80) tout comme nous ne manquerons pas celle du mont Pico sur l'île homonyme (N° 23 p. 90), volcan matérialisant le point culminant du Portugal. Sur São Miguel, les champs bouillonnants (N° 26 p. 98) et les bains d'eau chaude de Furnas justifient à eux seuls une visite agrémentée d'une baignade impérative dans le vaste bassin où l'eau à la couleur mordorée s'écoule sans interruption. À Madère, le volcanisme a sculpté d'improbables reliefs et d'insolites géomorphosites que nous traverserons lors de la spectaculaire randonnée royale des Picos (N° 31 p. 119). Dans l'archipel des Canaries, Fuerteventura possède un nombre incalculable de cratères à l'esthétique parfaite et aux lignes épurées (N° 39 p. 136). Mais la douceur des courbes de ces amas de scories tranche parfois avec les lignes acérées des petits chaînons montagneux dont l'accès n'est permis qu'au terme de randonnées engagées. Lanzarote réserve d'agréables surprises sur sa côte Ouest dans le parc national de Timanfaya et sur le site d'El Golfo. Ici encore l'activité volcanique est responsable d'une géomorphologie en tout point

Les coulées de lave arborent parfois de surprenantes formes comme ici, la silhouette de Mona Lisa, célébrité géologique de l'île de Pico.

Une étendue de lave sur São Miguel.

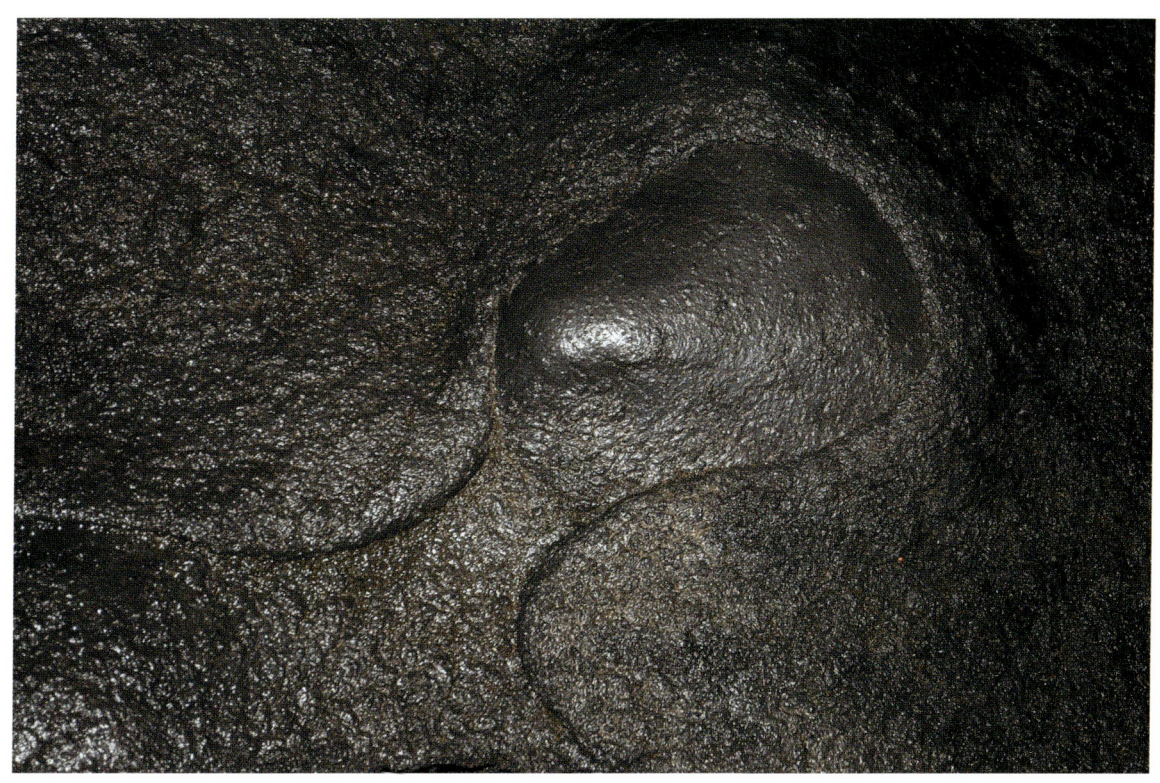

remarquable. Lagon à la couleur de l'eau improbable et champs de lave de type aa (lave fluide rugeuse et visqueuse) méritent à eux seuls une visite impérative (N° 40 p. 144).

L'archipel des Mascareignes peut se vanter de posséder l'un des volcans les plus actifs au monde, le piton de la Fournaise. L'édifice que constitue la Réunion correspond à un cône d'environ 7 000 mètres de haut dont la base de 200 kilomètres de diamètre est située à – 4 000 mètres de profondeur. La fréquence des éruptions est très élevée, phénomène matérialisé par plus de 180 manifestations durant les 370 dernières années. Il n'est donc pas improbable que vous puissiez observer une éruption lors de votre voyage sur l'île. Ce site exceptionnel mérite une visite impérative et la description de la randonnée (N° 49 p. 180) vous donne toutes les clés pour effectuer l'ascension de ce volcan où les caldeiras emboîtées entaillent sans compassion les flancs de « la Montagne » des Réunionnais.

Voici donc un petit voyage au pays du volcanisme qui se terminera sur l'île Maurice, plus exactement sur son point culminant, ancien volcan accessible par un bon sentier destiné à tout randonneur quelque peu entraîné (N° 50 p. 190).

Ci-dessus
Capelinhos sur l'île de Faial.

À droite
Sur l'itinéraire du Boiling Lake à la Dominique.

Étendue de soufre à Sulphur Springs à la Dominique.

Sélection, conseils et suggestions

Petit Piton vu depuis la baie de Soufrière (Sainte-Lucie).

Voir la nature autrement

La cinquantaine de randonnées présentées dans cet ouvrage parcourt quatorze îles situées dans l'océan Atlantique, la mer Méditerranée et l'océan Indien, des Caraïbes aux Mascareignes. Beaucoup de ces îles sont plutôt réputées pour les séjours balnéaires qu'elles proposent plutôt que pour l'attractivité de leurs chemins de randonnée et leur biodiversité. Dans ces deux domaines, l'offre est pourtant pléthorique. C'est ainsi, qu'à l'heure du choix des parcours, il fut parfois difficile de trancher. L'extrême variété des paysages a imposé une longue réflexion afin d'établir une certaine hiérarchisation dans la sélection finale. La présence de nombreux sites classés au patrimoine mondial de l'Unesco a bien évidemment pesé lors des choix. De plus, l'existence de certains sites géographiquement, voire historiquement réputés ne pouvait être passée sous silence. L'étude de tous ces facteurs, liés à d'éventuelles difficultés techniques, a permis d'élaborer une liste de parcours s'adressant à un grand nombre de randonneurs désireux de s'offrir une réelle alternative aux séjours exclusivement balnéaires.

Atteindre les sommets

Dans la majorité des cas, pour chaque île, est décrite la randonnée menant à son point culminant, exception faite de celles dont l'intérêt s'avère limité, notamment par manque de point de vue. Si l'on exclut la philosophie du « la fé » (« je l'ai fait ») comme l'on dit sous les tropiques, le panorama sommital reste objectivement un argument déterminant dans le choix d'un itinéraire. C'est ainsi que nous foulerons tour à tour le plus haut sommet des Petites Antilles, des Açores (et du Portugal), de Madère, de l'archipel maltais et des Mascareignes.

Cependant, nous n'avons pas trouvé utile de gravir le mont Gimie à Sainte-Lucie, longue et fastidieuse randonnée se déroulant sous couvert et ne réservant aucun panorama sommital.

Pour chaque destination, le lecteur trouvera des informations concernant la langue, la devise et le courant électrique usités. Seront mentionnés également la capitale et le point culminant de l'île ainsi que le décalage horaire.

> **Top ten**
> ▌ Boiling Lake (Dominique)
> ▌ Traversée des Picos (Madère)
> ▌ Gros Piton (Sainte-Lucie)
> ▌ Piton des Neiges (Réunion)
> ▌ Ponta do Pico (Pico)
> ▌ Pico de la Zarza (Fuerteventura)
> ▌ Montagne Pelée (Martinique)
> ▌ Soufrière (Guadeloupe)
> ▌ Piton de la Petite Rivière Noire (Maurice)
> ▌ Azure Window – San Dimitri Point (Gozo)

Niveau de difficulté

La plupart des randonnées présentées s'adressent à des pratiquants réguliers mais le niveau requis n'est jamais vraiment rédhibitoire. En cas de difficultés particulières pouvant être rencontrées le long du parcours, ces dernières sont mentionnées et il incombera alors au randonneur d'évaluer lui-même si son niveau est suffisant pour s'en affranchir. Quoi qu'il en soit, aguerri ou non, chacun trouvera in situ une randonnée adaptée à ses exigences.

L'équipement

Pour autant il ne faut pas oublier les règles de base concernant la marche en terre inconnue. D'une manière générale, il est impératif d'être bien chaussé et d'utiliser un sac à dos de bonne facture. Si l'emploi de crème solaire quelque soit la destination – mais surtout en zone intertropicale – paraît évident, l'utilisation de sursacs, voire de sacs étanches s'avère également très judicieux, principalement durant la saison des pluies et lors des franchissements de cours d'eau. À l'heure du numérique où chacun emporte un appareil photo dans son sac, ne faites pas courir de risques inutiles à votre indispensable compagnon d'aventure.

Quand partir ?

Le climat peut-être un paramètre déterminant pour décider de la période du séjour, notamment en zone intertropicale où il semble sinon impératif – il y a de vrais aventuriers – tout au moins judicieux d'éviter les saisons cycloniques. Il sera donc mentionné pour chaque destination la période la plus adaptée pour partir randonner.

Coup de cœur

Chaque île possède son coup de cœur, la randonnée qui nous a paru la plus belle, la plus panoramique ou encore la plus insolite. Il s'agit bien évidemment d'un ressenti personnel mais généralement, l'itinéraire mentionné s'avère fédérateur.

En faire plus

Bien que la pratique de la randonnée soit le fil conducteur de cet ouvrage et que la découverte des îles se fasse au gré des sentiers, il serait dommage de passer à côté, voire de faire fi de certaines richesses faisant la fierté des régions visitées. La plongée, le kayak, l'observation des cétacés, le canyoning, le survol (en avion de tourisme, hélicoptère, ulm), l'attente du coucher de soleil en bord de mer ou encore la visite de sites architecturaux remarquables sont autant d'activités complémentaires passionnantes et enrichissantes pour les visiteurs. C'est tout naturellement dans cette optique que prend place la rubrique « en faire plus ».

Légendes des cartes

 1 Géomorphosite
 2 Grottes, cavités
 3 Cascades, sources
 4 Fossiles
 5 Volcanisme
 6 UNESCO
 7 Parc naturel régional
 8 Architecture
 9 Sites préhistoriques
10 Point de vue

Quand géologie rime avec magie

Les passionnés de géomorphologie trouveront toujours sur chaque île quelques suggestions concernant l'observation de formations de premier ordre. Il n'est nul besoin d'ajouter quoi que ce soit aux facéties de la nature pour créer de somptueux et pittoresques paysages… Guetter un rai de soleil par l'huis de l'arche de Jurado (p. 136) après l'orage, savourer un coucher de soleil devant les deux Frères à l'anse Mamin (p. 64-65) ou encore se poser face aux embruns qui se dispersent sous l'Azure Window (p. 151) procurent un plaisir que seule la magie d'un moment unique peut engendrer. *Carpe diem…*

Se déplacer dans les îles

En ce qui concerne les déplacements, nous vous conseillons la location d'un véhicule, ce qui permet de gagner un temps certain pour les trajets et assure une flexibilité bien appréciable. Dans certains secteurs, les transports en commun sont quasiment inexistants ou dans le meilleur des cas soumis à de forts aléas en matière de fiabilité d'horaires et d'entretien des véhicules. Quant au stop, on risque de transiter par de nombreux « passages obligés » avant d'atteindre sa destination. Si vous n'êtes pas pressés, « pa ni pwoblem », si en revanche, vous devez rentrer avant la nuit, prévoyez large…

Collecte de lait à Sao Miguel.

Glossaire

Acomat : arbre tropical de grande taille aux contreforts imposants.
Agouti : petit rongeur que l'on retrouve aux Antilles.
Ajoupa : petite hutte, baraquement, kiosque en milieu naturel.
Anthophore : abeille nidifiant dans le sol.
Biome : écozone dénommée en fonction des espèces végétales et animales qui la composent.
Caldeira : vaste dépression volcanique généralement de forme circulaire à fond plat.
Câpre : individu issu d'une union entre une personne mulâtre et une personne noire.
Chabin : personne de type métis à peau claire pouvant avoir les yeux et cheveux clairs.
Chouchou : nom donné à la chayotte (cucurbitacée, voir ci-dessous) dans les Mascareignes.
Christophine : nom antillais de la chayotte, fruit de la taille de l'avocat consommé comme légume.
Climacique : état stable écologique dans les conditions abiotiques existantes.
Cratère endoréique : se dit d'un cratère possédant un lac dont l'eau ne le quitte que par évaporation.
Écozone paléarctique : écorégion s'étendant globalement de l'Europe, du nord de l'Asie et du Sahara.
Guanches : premiers habitants connus des îles Canaries.
Lahars : coulée boueuse d'origine volcanique.
Lambi : mollusque des Antilles.
Levada : canal d'irrigation que l'on trouve au Portugal, principalement sur l'île de Madère.
Mahogany : acajou des Antilles.
Méphitique : qui possède une odeur toxique ou répugnante.
Quintas : auberge de la péninsule ibérique ou encore petit hôtel de charme par extension.
Racoon : raton laveur de Guadeloupe.
Ravet : dénomination de la blatte dans la Caraïbe.
Sempervirent : à feuillage persistant, toujours vert.
Zourite : dénomination de la pieuvre dans les Mascareignes.

Dans les ruelles de Teguise (Lanzarote).

Hébergement

Côté hébergement, c'est l'option « voyage à la carte » que nous avons privilégiée. Il est ainsi plus aisé de choisir les lieux d'hébergement en fonction des randonnées à effectuer. Du petit hôtel sympa au B & B en passant par la chambre d'hôte, l'offre parfois pléthorique proposée sur les îles permet d'ajuster ses objectifs en fonction de son budget. En ce qui nous concerne, nous avons plusieurs fois fait appel à l'agence Selectour Afat Bleu Voyages en ayant préalablement évoqué nos *desideratas*.

Spécialités locales

Pour conclure, vous trouverez quelques suggestions concernant les produits locaux à consommer sur place ou à ramener. Prenez soin dans ce cas de bien protéger les breuvages et autres denrées alimentaires sensibles lors du retour. En cas de choc et de bris, des vêtements parfumés au rhum arrangé, pourquoi pas, cela peut faire exotique… mais des tenues laissant échapper des fragrances de fromage de chèvre coulant s'avère être peu glamour…

Et puis, il reste la lecture d'ouvrage traitant du territoire visité… quelques coups de cœur sont mentionnés… sachant que bien souvent les meilleurs ouvrages sont édités dans la langue locale, voire au mieux en anglais… À vos dictionnaires si vous ne maîtrisez point toutes les subtilités de ces langues étrangères…

Précautions sanitaires

Depuis quelques années, certaines destinations exotiques réputées à l'écart de la plupart des maladies parasitaires et virales sont victimes aujourd'hui du chikungunya ou « mal de l'homme courbé » (elle occasionne de fortes douleurs articulaires et de la fièvre). Cette pathologie est transmise par le moustique tigre du genre *Aedes*.

À l'heure actuelle, il n'existe pas de vaccins pour se protéger de cette infection invalidante dont les effets peuvent se prolonger au-delà d'une année. Il est donc préférable de suivre les recommandations sanitaires en vigueur, à savoir ne pas séjourner dans des zones très humides, notamment où l'eau stagne et de favoriser le port de vêtements à manches longues, de pantalons et de chapeaux à larges bords. Ces recommandations sont valables pour la dengue (fièvre rouge), autre pathologie virale véhiculée également par les moustiques.

Concernant l'eau, à l'exception de l'île de la Dominique, lors des randonnées, il faut être très prudent et veiller à ne boire que de l'eau dont la fiabilité est avérée ou encore de l'eau minérale.

Archipel des Caraïbes

Archipel des Caraïbes

Le monde est un livre, et ceux qui ne voyagent pas n'en lisent qu'une page.

Saint Augustin

Les Caraïbes (ou encore la Caraïbe) comprennent entre autres les Petites et Grandes Antilles qui ferment la mer homonyme sur son côté est. Le terme « d'Indes occidentales » n'est plus utilisé de nos jours en France, mais les pays anglo-saxons ont toutefois gardé l'expression *West Indies* pour les désigner. Il existe parfois une confusion entre les Antilles et la Caraïbe, les premières n'étant qu'une partie de la seconde. Les Antilles se présentent sous la forme d'un archipel matérialisé par l'arc antillais qui regroupe un très grand nombre d'îles aux cultures différentes et à la géomorphologie pouvant varier d'une région à l'autre. Même si dans l'inconscient collectif, toutes les îles semblent se ressembler, elles ont en fait toutes vécu des destins différents. Fragmentée en un grand nombre d'états, cette région n'a jamais pu établir d'entité régionale pérenne. Comment en effet comparer Haïti à l'île Moustique ou encore Cuba à Saint-Barthélemy ? Comment ignorer les fortunes diverses de toutes ces îles ? Au-delà des domaines purement économiques, linguistique et culturel, le constat est le même concernant la faune et la flore endémiques. Même si une prise de conscience collective semble tendre vers une protection des espèces, les priorités ne demeurent pas les mêmes pour chaque état. Cependant, il existe des raisons d'espérer. De nombreux parcs ont vu le jour depuis quelques décennies et les efforts déployés ont engendré une réelle prise de conscience de la part des locaux concernant le patrimoine naturel dont ils sont les garants. Classements au patrimoine mondial de l'Unesco et créations de réserves naturelles sont autant de démarches qui ont valorisé une région du monde remarquable de par sa biodiversité.

Les Antilles se situent en zone intertropicale et possèdent deux principales saisons distinctes. La saison humide, ou saison cyclonique, correspondant globalement à nos mois d'été, est humide et chaude et les développements convectifs au-dessus des reliefs surchauffés sont nombreux et parfois violents. Entre décembre et mars, c'est la saison sèche. Les alizés sont soutenus et constants. Les journées sont ensoleillées et généralement sèches. De petites et rares averses peuvent néanmoins se produire essentiellement en fin de nuit. Les sommets sont couverts d'une végétation luxuriante à l'inverse des zones côtières moins arrosées. On notera également une disparité des précipitations entre les versants dits « au vent », arrosés et les versants dits « sous le vent », moins humides.

Évoquer la randonnée dans la Caraïbe peut parfois prêter à sourire, et pourtant ! Même si les Petites Antilles ne culminent qu'à 1 467 mètres à la Soufrière en Guadeloupe, les itinéraires ne sont pas forcément de tout repos et le relief se montre souvent peu complaisant. La luxuriance ajoute parfois de la complexité aux déplacements et certaines portions demandent un pied sûr. Ajoutez à cela un taux d'humidité pouvant avoisiner les 80 % et une chaleur de tous les instants et vous comprendrez pourquoi certains ont le souffle court. Mais dès lors que l'on accepte ce contexte, on acquiert vite une dépendance vis-à-vis de ce mode de découverte qu'est la randonnée. Les îles que nous allons découvrir présentent

Double page précédente
Patchwork de couleurs à Roseau.

Page de droite
Une passiflore.

toutes des particularités. La Guadeloupe et la Martinique sont francophones et il est vrai qu'elles sont un peu moins dépaysantes que leurs voisines anglophones. Cependant, la France possède, ancrée depuis fort longtemps, une profonde culture de la randonnée et jouit d'une excellente cartographie. Elle compte également de nombreux géographes et géologues qui de tout temps ont distillé de précieuses informations concernant les milieux naturels. Toutes ces connaissances et ce savoir sont palpables aux Antilles françaises où le balisage des sentiers et leur entretien sont excellents. De plus, comme en métropole, on retrouve la même signalétique et les gardes des parcs s'expriment aussi dans la langue de Molière, ce qui peut être un plus pour les non-anglophones.

Quoiqu'étant à un saut de puce de la Martinique, Sainte-Lucie se révèle bien différente de sa consœur. Anglophone mais laissant transparaître un passé durant lequel la France occupait les lieux, elle envoûte immédiatement le visiteur. Bien sûr, il y a ses plages de rêve où vient dorer et se prélasser une riche clientèle anglo-saxonne, mais il y a aussi ses mornes, ses côtes secrètes et difficilement accessibles, ses réserves naturelles et bien sûr ses pitons. Cet antagonisme est un don du ciel pour le randonneur curieux, voire aventureux. Alors que la majorité des touristes se concentrent dans de luxueux complexes «all inclusive», ailleurs, les paysages restent intacts et les sentiers souvent déserts. La nature exprime sa force et sa complexité et la faune et la flore offrent tout au long des itinéraires de bien belles surprises.

La Dominique quant à elle se targue d'être «l'île nature», «l'île aux 365 rivières» ou encore «l'île verte». Force est de constater que tout cela est vrai et non usurpé. Ici, on peut boire sans crainte l'eau en forêt et y rencontrer une faune aviaire préservée évoluant parmi des paysages dont l'extrême luxuriance laisse parfois perplexe. À l'écart du tourisme de masse, elle reste une destination privilégiée pour les amoureux de la nature, et lorsque l'on sait qu'elle possède jalousement le second plus grand lac bouillonnant au monde, on se plaît à s'imaginer en aventurier privilégié un brin téméraire…

Dominique

Froissez en boule une feuille de papier vert, puis immergez la à moitié dans l'eau et vous obtenez une représentation presque fidèle de la Dominique. Lorsque l'on approche de cette dernière par avion, on se demande où l'appareil va bien pouvoir se poser. Et puis, on découvre au dernier moment le petit aéroport de poche de Melville Hall sur la côte nord-est de l'île et l'on comprend alors pourquoi les gros-porteurs n'ont ici pas droit de citer.

▌ « Welcome in Dominica »

Aujourd'hui, le vol assurant la liaison entre Saint-Martin et la Dominique a du retard. Les conditions climatiques hostiles ont dicté un report de l'heure de décollage et l'équipage canadien semble pressé de boucler cette rotation. Moteurs réduits, le petit bimoteur aborde la finale avec en ligne de mire une étroite saignée entre deux collines face au point culminant de l'île, le morne Diablotin (1 447 m). Un subtil mélange de tangage, roulis et lacet nous suggère que nous sommes ici aux Caraïbes et que les vents se rappellent toujours au bon souvenir des visiteurs dès que l'on s'élève un tant soit peu au-dessus du niveau de la mer. Quelques soubresauts un peu plus vigoureux conjugués aux grincements produits lors de la sortie du train d'atterrissage plongent certains dans un mutisme teinté d'une certaine appréhension, les incitant à serrer d'une main ferme les accoudoirs. L'équipage, rompu à ce genre d'exercice presque banal aux Antilles pose l'appareil avec un professionnalisme rassurant et stoppe le bimoteur sur le tarmac face à l'aérogare. L'obscurité enveloppe lentement la Caraïbe et une bouffée d'air chaud et humide pénètre dans l'aéronef dès l'ouverture des portes. Le chant des grenouilles et la moiteur ambiante nous accueillent, « bienvenue dans ce petit paradis vert », « Welcome in Dominica ».

▌ Une parure verte et luxuriante

La morphologie de l'île est sans équivalent dans les Petites Antilles. Parure verte et luxuriante, rivières engoncées dans de profondes entailles et de nombreux mornes (petits sommets, collines) émergeant d'un océan de verdure sont autant de particularités qui caractérisent la Dominique. Île verte aux saveurs épicées, elle a su rester à l'écart des grandes fréquentations et du tourisme de

Pays : Dominica
Langue : anglais. Le créole à base de français est très répandu.
Monnaie : dollar caraïbe (EC)
Capitale : Roseau
Point culminant : morne Diablotin (1 447 m)
Courant : 220 v
Décalage horaire : GMT -4
Formalités : passeport en cours de validité
Période recommandée : de décembre à avril
Randonnée : réseau de sentiers en cours de balisage
Coups de cœur : Boiling Lake
En faire plus : naviguer sur l'Indian River, plongée à Champagne, observation des baleines et des tortues.
Géomorphosites et autres curiosités naturelles : arche de Portsmouth, Escalier Tête Chien (Snake's staircase)
Produits locaux à ramener : bière kubuli, *buljow* (plat de poisson), rhum
À déguster sur place : glace à la cacahuète
OT : www.authentique-dominique.com
À lire : *Dominica, Isle of adventure* (Editions Caribbean)

Sur l'itinéraire du Boiling Lake, au-dessus de la vallée de la Désolation.

masse. Les noms des bourgs témoignent ici de la rivalité entre Français et Anglais. Consonances anglo-saxonne et française sonnent aux oreilles des visiteurs. En 1805, l'île devient anglaise avant d'être indépendante en 1978. De nos jours, elle garde de nombreuses traditions anglaises dans son mode de vie et au sein de ses institutions.

La Dominique possède sur ses 750 kilomètres carrés les plus hauts reliefs des Petites Antilles. Trois cent soixante-cinq rivières d'eau pure sont alimentées par les pluies qui s'abattent quotidiennes sur les sommets. La verticalité ambiante donne naissance à une multitude de chutes et de cascades qui sont un véritable enchantement pour les randonneurs. La végétation sauvage et préservée abrite une faune riche et variée, notamment de nombreux perroquets dont le sisserou, l'oiseau national. Le jaco est également présent et son observation tout comme celle du sisserou est un moment fort. Plus près du sol, on pourra rencontrer le boa constrictor bien que sa présence demeure confidentielle, tout comme celle du *mountain chicken*, un gros crapaud traditionnellement chassé et que l'on retrouve ensuite dans les assiettes locales. Désormais, ce batracien dont la chair a le goût du poulet est déconseillé à la consommation en raison d'une maladie de peau induite par le réchauffement de son habitat. À Roseau, une nurserie a été créée afin de sauvegarder cet animal endémique. Trois autres espèces de serpents inoffensifs se fondent discrètement dans la végétation aux côtés du gros lézard bleu ainsi que 13 espèces de chauve-souris et une cinquantaine de papillons. Si vous roulez de nuit, vous apercevrez peut-être le manicou, un opossum très fréquent qui malheureusement paie un lourd tribut, victime principalement la nuit de la circulation routière. Les Dominiquais ont très tôt compris la richesse de leur patrimoine naturel et certaines espèces menacées sont désormais protégées comme le *mountain chicken* (période de chasse autorisée uniquement en novembre lors des traditionnels repas de famille), l'agouti et les perroquets. Toujours dans cette optique, trois parcs nationaux ont été créés, celui des Trois Pitons (1974, inscrit au patrimoine mondial de l'Unesco en 1997), le parc national Cabrits (1986) et enfin celui du morne Diablotin (2000). Parallèlement, deux réserves marines protègent le patrimoine aquatique dont de magnifiques espaces coralliens. Scott's Head est le paradis des plongeurs. C'est un spot où prospère une faune d'une richesse insoupçonnée et où se dévoilent des fonds sauvages. Champagne Reef est un site accessible à tous et nombreux sont ceux qui viennent admirer les bulles de gaz qui s'échappent des profondeurs sous-marines. Tchin-tchin !

The nature island

Île verte, île sauvage, île aux 365 rivières, the *nature island*, les qualificatifs ne manquent pas pour désigner la Dominique dont le gouvernement s'attache à pérenniser son caractère naturel et sauvage. Les trois parcs nationaux mettent à disposition des randonneurs une multitude d'itinéraires pour tous niveaux. Les moins aguerris se contenteront de randonnées courtes pour découvrir de magnifiques cascades (Victoria Falls, Emerald Pool, Sari Sari) et les plus ambitieux fouleront le toit de la Dominique au morne Diablotin (1 447 m) ou s'extasieront devant le deuxième plus grand lac bouillonnant au monde : le Boiling Lake, atteint après trois heures de marche au sein de fabuleux paysages (voir p. 35). Chacun devrait trouver son bonheur parmi les 3 000 sentiers de

En haut
Une maison coloniale à Roseau.

En bas
Emerald Pool.

Double page suivante
Un ranger sur l'itinéraire du Boiling Lake.

Dominique

Ci-dessous
Méro Beach.

Double page suivante
Scott's Head.

l'île. Reste le parcours le plus emblématique de la Dominique, le Waitukubuli National Trail, le plus long itinéraire de randonnée de la Caraïbe qui se déroule sur 185 kilomètres de sentiers balisés traversant intégralement l'île du sud au nord.

Roseau

S'il vous reste un peu de temps, rendez-vous à Roseau, la capitale de la Dominique pour vous immerger dans ses petites ruelles typiques. Roseau dont le nom provient des Français qui furent surpris lors de la colonisation de la profusion de cette plante dans ce secteur. Ici, on vit en mode « rasta ». Douce nonchalance, respect des autres et solidarité font partie du quotidien. On consomme les produits locaux que l'on partage volontiers avec les visiteurs. Une demi-coque de noix de coco en guise de bol et une cuillère en bois suffisent pour savourer les mets épicés accompagnés généralement d'une kubuli, LA bière dominiquaise. Et parfois, un peu d'herbe séchée suffit aux petits plaisirs annexes dans un pays où l'espérance de vie est de 72 et 78 ans pour respectivement les hommes et les femmes…

SUR LE CHAUDRON ARDENT
En 2007, l'aventurier canadien George Kourounis fut le premier à traverser le Boiling Lake à l'aide d'un câble tendu au-dessus de la surface des eaux dont la température avoisine 100 °C. Il réussit à se positionner à l'aplomb des bulles de gaz et reste à ce jour le seul à avoir observé – selon ses termes et depuis un tel angle – « le cœur de la marmite des sorcières », avant d'ajouter « ce fut géant et aussi effrayant qu'exaltant ! ». Rappelons que le Boiling Lake est après le Frying Pan Lake de Nouvelle-Zélande le plus grand lac bouillonnant au monde. Il fut découvert en 1870 par Watt et Nicholls, deux Européens travaillant sur l'île. Son niveau fluctue au fil du temps ne permettant pas d'établir une mesure fiable de sa profondeur.

Randonnées à la Dominique

L'entrée du Morne Trois Pitons National Park.

1 LE MORNE TROIS PITONS

Coordonnées 15°22'32.31"N 61°19'48.66"W
Départ rond-point de Pont Cassé. Sur la route reliant Mahaut à Rosalie, garer son véhicule peu après le rond-point en direction de « Emerald Pool – Rosalie ».
Dénivellation cumulée 910 m
Horaire A/R moyen 5 h 30
Difficulté pentes raides et escarpées
Matériel spécifique aucun
Guide recommandé
Intérêts particuliers panorama sommital

L'ascension du morne Trois Pitons (1 387 m) est probablement l'une des randonnées les plus exigeantes de l'île de la Dominique. Après un départ tranquille, le cheminement devient plus problématique, réclamant l'aide des mains et une bonne condition physique. Le final quant à lui, requiert une aptitude à évoluer en terrain relativement scabreux.

➤ La première heure de l'ascension est plutôt bon enfant sur un sentier parfois équipé de traverses. Quelques passages raides cassent un peu la tranquillité du parcours, mais rien de bien méchant. La progression sous couvert permet l'observation de nombreuses essences tropicales qui trouvent ici un terrain propice à leur développement. Au-delà de cette première section, le parcours devient moins évident obligeant les randonneurs à s'affranchir de nombreuses racines et autres obstacles végétaux. Plus haut, de petites escalades demandent un peu d'attention afin d'éviter les glissades intempestives. La présence d'arbustes complique parfois la progression mais sans jamais devenir rédhibitoire. Arrivé au sommet, en guise de récompense de l'effort accompli, une zone dégagée vous offre une vue panoramique sur les paysages environnants.

2 LE GLASSÉ TRAIL

Coordonnées 15°18'21.806"N 61°14'43.236"W
Départ Boetica, petit village au sud-est de l'île situé entre La Plaine et Délices (panneau du « Dominica Rural Enterprise Project – Boetica Glassy Eco-tourism Trail »).
Dénivellation cumulée 230 m
Horaire A/R moyen 1 h 45
Difficulté aucune
Matériel spécifique maillot de bain
Guide non
Intérêts particuliers magnifiques paysages côtiers

La randonnée du Glassé Trail fait partie de ces promenades côtières qui fascinent avant tout par le spectacle sauvage des vagues furieuses qui viennent se fracasser contre les falaises. Une descente tranquille parmi la végétation sur un sentier bien tracé permet d'atteindre le rivage. À l'arrivée, une belle vasque d'eau de mer invite à la baignade. Non loin de là, un étrange puits où l'eau prend une couleur turquoise intrigue par son caractère insolite. Ici, le calme de ces bassins naturels tranche avec le caractère sauvage de l'océan dont la houle vient heurter avec violence les falaises basaltiques environnantes creusées d'impressionnantes arches.

➤ De la pancarte indiquant le début de l'itinéraire, suivre la bonne trace qui s'enfonce sous couvert. La descente et paisible et sans

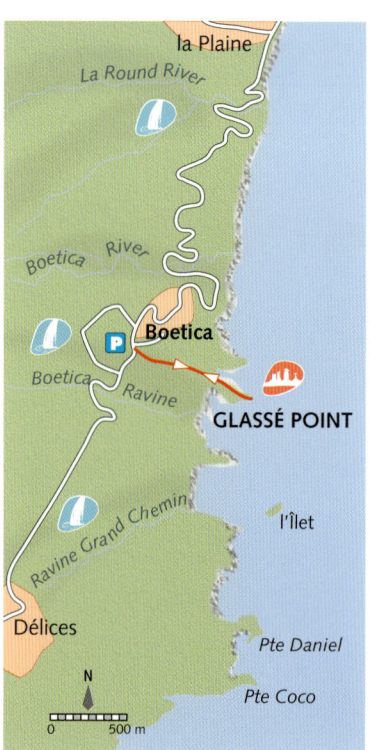

Randonnées à la Dominique

Un bassin naturel d'eau de mer sur le Glassé Trail.

Boiling Lake.

aucune difficulté. Le sentier finit par atteindre les falaises puis par un passage à flanc (prudence) gagne le petit plateau rocheux surélevé au-dessus de l'océan.

3 BOILING LAKE

Coordonnées 15°19'6.36"N 61°17'38.94"W
Départ Laudat. De Roseau, prendre la route qui s'élève nord-est au pied du versant sud-ouest de morne Macaque pour gagner Laudat. Poursuivre jusqu'à Titou Gorge et laisser son véhicule à proximité de la station hydroélectrique et de la conduite forcée.
Dénivellation cumulée 1 200 m
Horaire A/R moyen 6 h
Difficulté longueur de l'itinéraire, sections escarpées et traversées de secteurs demandant une bonne connaissance du terrain.
Matériel spécifique aucun
Guide recommandé
Intérêts particuliers second plus grand lac bouillonnant au monde (60 m de diamètre et température de l'eau avoisinant 100 °C).

Le lac Bouillonnant situé sur l'île de la Dominique est le second plus vaste lac de ce type au monde de par sa taille, le plus grand se trouvant en Nouvelle Zélande. Cette randonnée est manifestement la plus spectaculaire de l'île. Les paysages sont tout simplement extraordinaires de beauté naturelle. La forêt luxuriante où s'écoulent de limpides rivières côtoie d'impressionnantes formations volcaniques confinant parfois à l'hostilité. La prudence est de mise lors de la traversée de ces dernières. Dans la vallée de la Désolation, la sente passe parfois à quelques mètres seulement de sols mouvants où la boue atteint plus de 90 °C conduisant l'eau à la vaporisation.

Au terme du parcours, l'impression procurée par la découverte du plan d'eau est difficilement descriptible. La vision de cette énorme marmite bouillonnante diffusant un voile diaphane au-dessus des eaux grises inspire à la fois crainte et fascination. Difficile de réaliser que l'on contemple ici, perdu au milieu des Caraïbes, un des plus beaux lacs bouillonnant au monde. Au retour, on se laissera aller à explorer Titou Gorge à la nage lors d'une baignade revigorante tout en se souvenant que des scènes de *Pirates des Caraïbes* y ont été tournées.

➤ De la station hydroélectrique, s'engager sur le bon sentier parfois équipé de traverses de bois qui progresse sous couvert au cœur de la forêt tropicale. La première étape se situe à Breakfast River, sympathique site où les guides ont pour habitude d'effectuer une petite pause afin de se désaltérer (1 h). Ici encore l'eau est potable et il est bien agréable de pouvoir remplir sa gourde sans aucune appréhension. Après une raide montée conduisant sur une échine, l'itinéraire devient plus panoramique. Le parcours en crête est magnifique, offrant un superbe point de vue sur Roseau depuis un petit belvédère naturel. À l'opposé, une dense fumée semble s'échapper de la forêt trahissant ainsi la présence du lac Bouillonnant (2 h). En contrebas, la Valley of Desolation ponctuée

de solfatares (fumerolle rejetant de grandes quantités de soufre occasionnant parfois de spectaculaires dépôts) s'insinue dans la forêt dense. Les pentes sont telles que l'on se demande comment procéder pour s'engouffrer dans la spectaculaire entaille. L'odeur de soufre devient de plus en plus présente et insistante. La descente abrupte est physique et escarpée. Au-delà de la gorge, la pente s'assagit et les paysages traversés deviennent lunaires. Par endroits, la végétation n'a pas lieu de citer. Fumerolles, eaux bouillonnantes, marmites de boue ou encore agrégations de soufre dégageant des effluves méphitiques ponctuent ce parcours spectaculaire. Ici, surgissent des rivières chaudes ou froides aux eaux grises, noires ou encore bleutées en fonction de leur température et de leur teneur en minéraux. Une extrême prudence doit être observée lors de la traversée de cette zone propice aux phénomènes géothermiques. Il est possible cependant de se baigner dans certaines vasques mais encore faut-il s'en remettre aux conseils avisés d'un guide afin d'éviter tout accident dramatique. Il reste à présent 45 mn pour parvenir au lac. Le chemin suit le cours d'eau principal qu'il faut passer à gué. De là, une raide montée atteint un col. Une épaisse fumée annonce l'arrivée imminente au Boiling lake. On gagne ensuite le bord d'un vaste cratère au fond duquel bouillonne un plan d'eau animé d'inquiétantes convulsions laissant échapper de monstrueuses bouffées aux caractéristiques odeurs soufrées (3 h).

4 SCOTT'S HEAD – FORT CACHACROU

Coordonnées 15°12'48.33"N 61°21'59.154"W
Départ bourgade de Scott's Head à l'extrême ouest de la pointe sud de l'île
Dénivellation cumulée 70 m
Horaire A/R moyen 1 h 15
Difficulté aucune

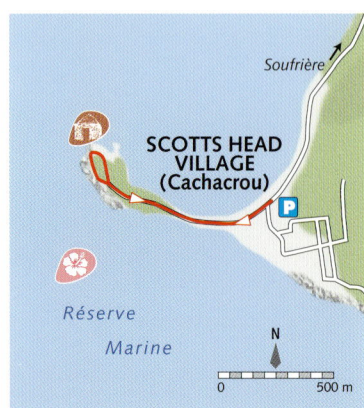

Matériel spécifique matériel de plongée (activité en complément de la randonnée)
Guide non
Intérêts particuliers panorama, site de premier ordre

Scotts Head est un petit village pittoresque situé à l'extrémité ouest de la pointe sud de l'île. Il doit son nom au capitaine anglais qui reprit au xixe siècle l'île aux Français. La presqu'île arquée n'est autre que la partie visible d'un volcan englouti. L'isthme bien visible depuis le fort ne sépare la mer des Caraïbes et l'océan Atlantique que de quelques dizaines de mètres, finesse inquiétante qui trahit la vulnérabilité de ce cordon littoral. La petite bourgade a conservé un caractère authentique et les cabanes des pêcheurs côtoient les modestes échoppes et autres gargotes de bois et de tôles. L'activité principale du lieu est sans conteste la plongée et la pratique du kayak. Les fonds marins sont de toute beauté et l'idéal étant d'associer la randonnée pédestre à l'exploration des fonds marins, voire autour de la presqu'île en kayak. À noter également que Scott's Head est le départ du Waitukubuli National Trail.

▶ Depuis la rue principale de Scott's Head Village, suivre le littoral pour atteindre le fin cordon littoral. Un bon chemin permet de monter jusqu'au fort Cachacrou. De là, plusieurs sentes explorent la presqu'île et atteignent son sommet d'où la vue sur l'isthme est magnifique.

5 SULPHUR SPRINGS

Coordonnées 15°14'9.537"N 61°21'24.064"W
Départ Soufrière, village de l'extrémité sud de l'île entre pointe Michel et Scott's Head. À l'entrée de la bourgade, tourner à gauche (panneau) et remonter la rue sur quelques centaines de mètres pour atteindre un parking. Une petite guérite verte marque le départ du sentier.
Dénivellation cumulée négligeable
Horaire A/R moyen 1 h 30 (en tenant compte du bain)
Difficulté prudence aux soufrières. Terrain parfois hostile. Risques d'enlisement et de brûlures.
Matériel spécifique maillot de bain pour la baignade et chaussures à tiges hautes recommandées.
Guide non
Intérêts particuliers bassins d'eau soufrée et géothermie

Si Soufrière possède une belle petite église au clocher rouge et blanc, elle jouit également de la présence de sources sulfureuses. De beaux bassins surmontés de toits verts permettent aux randonneurs de profiter des eaux chaudes afin de se relaxer. Leur couleur ocre-orange peut impressionner mais sitôt immergé, les bienfaits du bain ont tôt fait de dissiper toute appréhension. Plus haut, le sentier mène aux soufrières d'où s'échappe par des trous jaune citron une odorante fumée blanchâtre.

▶ Du parking, un excellent sentier mène aux bassins-kiosques d'eau soufrée. Ce spot est très prisé des Dominiquais le week-end. De là, le chemin se poursuit dans la végétation et gagne les soufrières. Ici, le chaos règne. Les rambardes de bois sont parfois calcinées et les blocs de roches côtoient la terre ocre, les amas de soufre et les glaises blanchâtres. La progression demande une extrême vigilance dans cet univers imprévisible où les boues et l'eau peuvent atteindre la température d'ébullition. De multiples soupapes jaunes permettent aux vapeurs de s'échapper de l'immense monticule blanchâtre qui impose sa présence au milieu de la forêt. Par endroits, le soufre s'amoncelle pour créer de magnifiques et délicats cristaux jaune vif. Le sol vit, exulte et soupire sans cesse sous nos pieds laissant exhaler d'innombrables volutes malodorantes. Ces odeurs de soufre ne nous suggéreraient-elles pas qu'il existe ici bas un enfer au beau milieu de cette île paradisiaque ?

6 LE WAITUKUBULI NATIONAL TRAIL

Coordonnées départ et arrivée 15°12'48.33"N 61°21'59.154"W – 15°34'5.48"N 61°27'13.78"W
Départ bourgade de Scott's Head à l'extrême ouest de la pointe sud de l'île.
Longueur 185 km
Horaire de référence 2 semaines
Difficulté aucune sinon la longueur du parcours en fonction de la durée de marche envisagée.
Matériel spécifique équipement inhérent à la pratique du trek

Randonnées à la Dominique

Sulphur Springs.

Guide non obligatoire. Attention cependant, il faut s'acquitter d'une taxe sous forme de pass (à la journée pour un ou plusieurs segments ou à la quinzaine pour l'ensemble des segments).
Intérêts particuliers le plus long itinéraire balisé de la Caraïbe. Beauté et variété des paysages traversés.

Financé par la communauté européenne et créé en 2011 par le gouvernement dominiquais en partenariat avec le Conseil régional de la Martinique, le WNT et le plus long parcours de randonnée balisé de la Caraïbe. Nous ne décrirons pas ici ce parcours hors norme, mais nous ne pouvions passer sous silence ce somptueux tracé et cette magnifique immersion au cœur même de l'île. Nous pourrions y consacrer un guide dans son intégralité tant la diversité des paysages et l'originalité de l'itinéraire interpelle et aiguise la curiosité. Si de par son ampleur, une telle escapade ne peut trouver place dans cet ouvrage, nous en donnerons néanmoins les informations principales pour celles et ceux qu'une telle aventure tenterait.

▶ Le WNT est un long chapelet où s'égrènent au fil des jours cascades, mornes, forêts denses, sources chaudes et faune et flore exceptionnelles. Ici comme ailleurs, la Dominique a privilégié le tourisme nature et mise sur son authenticité pour drainer les randonneurs en son sein. Au départ de Scott's Head, le chemin divisé en 14 étapes mène jusqu'à Portsmouth en passant par morne Trois Pitons National Park et Northern Forest Reserve. Il s'agit ici d'un exemple exceptionnel de « community tourism », structure où la population s'implique et propose elle-même l'accueil aux touristes. Chaque segment du WNT a sa propre personnalité. 135 personnes vivant dans les villages voisins ont travaillé pour tracer le sentier, construire les ponts, les ajoupas, les tables et autres équipements rendant plus agréable encore ce périple exceptionnel.
On débute donc depuis Scotts Head pour atteindre la première étape à Soufrière Estate. Le chemin passe ensuite par Bellevue Cwhopin, Wotten Waven, Pont Cassé, Castle Bruce, Hatten Garden, First Camp, Petite Macoucherie, Colihaut Heights, Syndicate, Borne, Penville, Capuchin et gagner enfin Cabrits.

Guadeloupe

Karukéra comme fut nommée l'île papillon par les Amérindiens est découverte par Christophe Colomb le 4 novembre 1493. Il la baptise alors Guadalupe en hommage à la Vierge protectrice des navigateurs, Santa-Maria de Guadalupe. Finalement peu intéressés par cette île, les Espagnols vont l'abandonner laissant aux Français et aux Anglais tout le loisir de s'affronter pendant deux siècles pour conquérir chaque bout de terre des Caraïbes. Aux termes de luttes intestines, la Guadeloupe devient définitivement française et adopte le statut de département d'outre-mer en 1946.

▌ Un papillon nommé *Karukéra*

Vue depuis les airs, l'île apparaît sous la forme d'un papillon dont les ailes sont représentées par les régions de Basse-Terre et de Grande-Terre. Ces deux entités quoique juxtaposées possèdent des caractéristiques bien différentes. La première est d'origine volcanique offrant un relief tourmenté et accidenté alors que la seconde constitue une plateforme récifale fossile calcaire de faible altitude. Si l'on voulait être rigoureux, il faudrait considérer la Guadeloupe comme un archipel à part entière formé de sept îles (Grande-Terre, Basse-Terre, la Désirade, Marie-Galante, Terre-de-Haut, Terre-de-Bas et Petite-Terre). Ce groupe fait partie intégrante du double arc des Petites Antilles qui s'étend sur près de 850 kilomètres. Le dédoublement de ce dernier s'illustre de manière évidente au niveau de la Guadeloupe où se jouxtent deux types d'îles que tout oppose. À l'ouest, surgissent des sommets volcaniques couverts d'une végétation dense alors qu'à l'est, une grande table calcaire de faible altitude s'étale au-dessus des eaux de l'océan Atlantique.

▌ Une odeur de soufre

La Soufrière qui est le point culminant des Petites Antilles (1 467 m) reste un volcan actif qui modèle au fil du temps le relief ambiant. Capricieux, il fut en 1976 le théâtre d'une controverse très médiatisée entre divers scientifiques quant à son activité éruptive (voir la randonnée à la Soufrière p. 46). Le site de la Grande Découverte date approximativement de 200 000 ans mais le dôme en

Pays: France
Langue: français
Monnaie: euro
Capitale: Pointe-à-Pitre
Point culminant: montagne de la Soufrière (1 467 m)
Courant: 220 v
Décalage horaire: GMT -4
Formalités: carte d'identité pour les ressortissants français
Période recommandée: de décembre à avril
Randonnée: bon réseau de sentiers balisés
Déplacements sur l'île: location de véhicule recommandée
Coups de cœur: montagne de la Soufrière
En faire plus: kayak de mer, plongée
Géomorphosites et autres curiosités naturelles: pointe des Châteaux, arche de Vieux Fort, Porte d'Enfer, Trou de Dame Coco, cuve de Saint-François, orgues basaltiques de Vieux-Habitants, dépôts pyroclastiques de Rivière-Sens
Produits locaux à ramener: rhum, boissons à base de bois bandé
À déguster sur place: boudin créole, acras de morue, salade de cristophine
OT: www.guadeloupe-fr.com
À lire: ouvrages d'Aimé Césaire

Une fleur de balisier.

lui-même ne s'est géomorphologiquement formé que depuis le XVe siècle. Les dernières éruptions furent de type phréatique, c'est-à-dire que le magma en remontant, vaporise les nappes d'eau en présence, conduisant à l'émission brutale de cendres, de blocs et de vapeur d'eau. Depuis la colonisation de l'île, la Soufrière a connu six éruptions et l'engouement pour ce volcan n'a cessé de croître, à en croire sa fréquentation. Basse-Terre héritant d'un climat tropical est caractérisée par un taux élevé de précipitations. Les eaux de pluie s'infiltrent et se réchauffent au contact des roches volcaniques. Il s'ensuit la formation d'un réseau de sources chaudes très prisées par les Guadeloupéens en raison de leurs vertus thérapeutiques. De nombreuses manifestations hydrothermales peuvent être observées à proximité du volcan comme notamment les bains jaunes, point de départ de l'itinéraire classique pour gagner le sommet de la Soufrière. C'est cette région luxuriante, véritable océan de verdure d'où émerge le cône volcanique qui a suggéré l'appellation « d'île émeraude » à la Guadeloupe. Plus au nord, les Mamelles représentent un autre symbole du « Papillon ». Leur morphologie tout en douceur et en courbes harmonieuses n'est pas sans rappeler l'anatomie féminine. Il s'agit en fait de deux extrusions de lave trop visqueuse pour s'étaler qui se seraient solidifiées il y a un million d'années, laissant à jamais divaguer l'imaginaire masculin. De bons sentiers permettent d'accéder à leurs sommets culminant tous deux à plus de 700 mètres d'altitude (voir randonnée à la Mamelle de Pigeon p. 46).

Grande-Terre se présente sous la forme d'un vaste plateau calcaire renfermant de nombreux

Ci-dessus
Grande-Terre vue depuis Basse-Terre.

fossiles et dont la silhouette n'est pas sans rappeler un colibri. Par définition, la nature de la roche s'avère donc propice à la formation de curiosités géologiques. C'est ainsi que l'on rencontrera le Trou de Dame Coco et le Souffleur au nord et la Cuve de Saint-François à l'est. À Marie-Galante, géologiquement identique, c'est le Grand Gouffre qui retient le regard des contemplatifs.

Une richesse parfois malmenée

Les milieux naturels de la Guadeloupe sont très variés, ce qui s'avère favorable au développement d'une faune et d'une flore d'une richesse parfois insoupçonnée. De nombreux mammifères parcourent l'île dont l'agouti, la mangouste importée de Birmanie et le racoon débarqué clandestinement dans la plus grande discrétion et dont l'origine exacte demeure toujours mystérieuse. Les amphibiens et les reptiles sont également bien représentés, aussi est-il fréquent d'observer des anolis et des geckos en tout point de l'île. Deux espèces d'iguanes occupent les régions sèches, le vert provenant d'Amérique latine et le délicieux, endémique des Petites Antilles et dont l'avenir semble malheureusement compromis. Si la Guadeloupe peut s'enorgueillir de posséder la myotis, une minuscule chauve-souris endémique des Petites Antilles ne pesant que 4 grammes, elle peut aussi revendiquer la présence de l'énorme crapaud buffle qui fut importé pour chasser les insectes dans les zones marécageuses. Dans les airs, beaucoup d'oiseaux virevoltent çà et là. Colibris, sarcelles, moqueurs corossols sont de ceux-ci. Dans les mangroves et sur le littoral, ce sont la frégate, la mouette atricille, le héron vert ou encore le crabier bois que l'on croise fréquemment. Concernant les insectes et arachnides, si les rencontres avec les sauterelles « cabrit-bois », les grillons et les ravets n'éveillent pas d'appréhension particulière, en revanche, la présence des moustiques et de la scolopendre viridis dont le crochet pénètre « pernicieusement » la chair humaine suscite plus de craintes.

Malheureusement, ici plusieurs espèces ont disparu au fil du temps. C'est le cas du lamantin, du phoque moine et de nombreux perroquets pour ne parler que d'eux. La flore n'est pas épargnée. Les multiples prélèvements effectués par les cueilleurs de plantes font peser une réelle menace sur les populations d'espèces déjà en danger. De plus, aucun quota de chasse dans une région où le braconnage est une activité très prisée. Le gouvernement français tente timidement de faire bouger les choses. Pas facile cependant de changer les mentalités dans une région où l'on se délecte de l'iguane, de l'agouti, du raton laveur, du bénitier ou encore du lambi. Fort heureusement, la Guadeloupe possède quelques sanctuaires naturels dont le Parc national de Basse-Terre, Petite-Terre ou encore le Grand Cul-de-sac marin classé par l'Unesco dans la liste des réserves de la biosphère, espaces naturels d'intérêt international.

Si l'on peut imaginer que l'aboutissement à ces classements a donné lieu à des cocktails arrosés, il serait impardonnable de ne pas mentionner l'existence de la seule eau-de-vie élaborée à partir de la tige d'une plante verte. Ce breuvage emblématique des Caraïbes est indissociable des séjours aux Antilles. Qu'il s'appelle « ti-punch » ou encore « planteur », *pa ni pwoblem*, il ne se refuse jamais… Connu de tous, son nom est indissociable des Petites Antilles.

Ci-dessous
Rivage guadeloupéen.

Double page suivante
La Soufrière.

Randonnées à la Guadeloupe

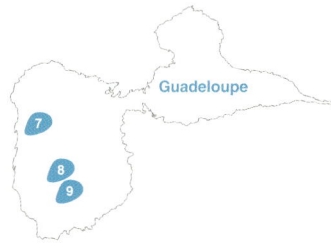

7 LA MAMELLE DE PIGEON OU DÉBOULÉ

Coordonnées 16°10'45.13"N 61°44'7.56"W
Départ col des Mamelles. Route de la Traversée (parking)
Dénivellation + 160 m
Horaire A/R moyen 1 h
Difficulté aucune
Matériel spécifique aucun
Guide non
Intérêts particuliers point de vue sur Basse-Terre.

Non sans évoquer les esthétiques rondeurs de l'anatomie féminine, les Mamelles de la Guadeloupe évoquent toute la sensualité qui émane d'une île aux mille fragrances. Ces deux sommets sont les restes d'anciennes cheminées volcaniques et ne manquent pas d'attirer l'attention des touristes passant par le col homonyme, itinéraire routier ouvert en 1967. La Mamelle de Pigeon est la plus haute des deux proéminences et la raideur de ses pentes a suggéré aux locaux l'appellation de Déboulé.

➤ Du panneau, s'engager sur le bon sentier qui file plein sud. Il s'enroule ensuite dans le sens horaire autour du sommet convoité. La zone gravie présente par endroits les stigmates d'anciens glissements de terrain, phénomènes courants dans cette région. La progression se déroule sans difficultés parmi une végétation qui tend peu à peu à se rabougrir. Au terme d'une ascension d'une bonne trentaine de minutes, on atteint le sommet, point géodésique flanqué d'un panneau informatif (768 m).

8 LE VOLCAN DE LA SOUFRIÈRE

Coordonnées 16°2'34.89"N 61°39'48.17"W
Départ les Bains Jaunes. De Saint-Claude, prendre la D 11 en direction de la Soufrière. Au bout de 4 km, stationner au parking des Bains Jaunes.
Dénivellation + 620 m
Horaire A/R moyen 3 h
Difficulté aucune par beau temps. Attention en cas de brouillard, certaines zones dangereuses pouvant être non visibles.
Matériel spécifique aucun
Guide non
Intérêts particuliers activité volcanique et point culminant des Petites Antilles.

La Soufrière, ou encore La Vieille Dame, est le point culminant des Petites Antilles et fait partie des 9 volcans actifs de cette région du globe. La dernière éruption date de 1976. Elle débuta le 8 juillet et prit fin en juin 1977 après plusieurs séismes, explosions, émissions de gaz et de cendres ainsi que la formation de plusieurs lahars. Cet événement fut le théâtre d'une polémique très véhémente opposant Claude Allègre et l'éminent volcanologue Haroun Tazieff. Malgré les conclusions du second affirmant que le risque pour les populations était minime, le premier fit évacuer les populations locales, entraînant une migration sans précédent (73 600 personnes).

L'accès au sommet est relativement aisé via plusieurs itinéraires balisés. Il faut garder à l'esprit que l'on va évoluer sur un volcan actif où certaines zones demeurent très dangereuses (gouffres, émanations de gaz toxiques, glissements de terrain). Il est donc prudent de se renseigner avant toute ascension sur les éventuelles interdictions inhérentes à l'activité volcanique en cours.

➤ Du parking, s'engager sur le bon sentier qui mène à l'aire de la Savane à Mulets d'où part le chemin des Dames. Il contourne dans le sens horaire le volcan. Il faut une trentaine de minutes pour atteindre l'éboulement Faujas datant de 1798 où prospèrent sphaignes et mousses. Poursuivre pour gagner la Grande Faille. La pente se redresse alors, mais rien d'insurmontable. Le sentier débouche enfin au sommet en passant devant l'abri des Montagnards, refuge inauguré en grande pompe en 1935 par le gouverneur Bouge devant plus d'un millier de pèlerins. Une messe fut dite par le père Quentin, amoureux du site, passionné par la flore locale et botaniste éclairé. À proximité, un superbe point de vue attire les plus contemplatifs, mais les sujets au vertige s'en approchent prudemment. Ici le vent peut être violent et la progression parfois difficile. Les 1 467 mètres qui s'élèvent au-dessus de

Devant la porte de l'Enfer à la Soufrière.

l'océan marquent le point culminant des Petites Antilles. Descendre ensuite jusqu'à la mare au Diable (cuvette où se pratiquaient jadis les baptêmes de la Soufrière), puis franchir la porte de l'Enfer, pittoresque rocher à la silhouette évoquant une guenon. Il ne reste plus qu'à louvoyer au sommet parmi les émanations de gaz sulfureux pour découvrir le piton Dolomieu, le Trou Vapeur et les gouffres Dupuis et Tarrissan (110 m de profondeur) uniquement séparés par un pont naturel. Ici, il est coutume de lancer un caillou dans le Tarrissan, qui selon la légende finirait sa course directement dans la mer…

Randonnées à la Guadeloupe

Des fumerolles s'échappent d'un des gouffres de la Soufrière.

9 LA CHUTE DU GALION

Coordonnées 16°1'50.50"N 61°39'43"W
Départ les Bains Jaunes. De Saint-Claude, prendre la D 11 en direction de la Soufrière. Au bout de 4 km, stationner au parking des Bains Jaunes.
Dénivellation + 130 m
Horaire A/R moyen 2 h
Difficulté escalade finale facilitée par une corde
Matériel spécifique aucun
Guide non
Intérêts particuliers cascade

Pendant longtemps les Guadeloupéens sont venus goûter à la douceur des eaux du secteur du Galion jusqu'à ce que plusieurs de ces sources se tarissent. En témoignent encore les sections pavées du sentier conduisant à la chute du Galion. C'est aux soldats d'infanterie de marine que l'on doit la construction en 1887 du bassin qui de nos jours accueille encore de nombreux baigneurs. À l'époque, les victimes de maladies digestives, de la fièvre jaune ou encore de la fièvre typhoïde venaient ici en convalescence et résidaient dans un bâtiment jouxtant les bains. Aujourd'hui, une stèle dressée sur les lieux honore leur souvenir.

▶ Depuis le bassin des Bains Jaunes, suivre le sentier pavé qui franchit une ravine parmi les gombos grand bois (hibiscus), les bois de soie et les impressionnantes fougères arborescentes. Atteindre une bifurcation et laisser à gauche le sentier du Pas du Roy. La progression est tranquille sous couvert où acomats, palétuviers et mangues-montagne accompagnent les randonneurs. Quelques points de vue permettent de situer la localité de Basse-Terre. Le sentier continue sans grandes difficultés pour descendre vers la rivière du Galion que l'on traverse. Poursuivre sur l'autre rive pour bientôt apercevoir la chute convoitée haute d'une quarantaine de mètres. L'accès à cette dernière se fait soit par le sentier, soit en remontant facilement le lit de la rivière. Terminer par une escalade bon enfant facilitée par des cordes en place pour finalement atteindre le beau bassin au pied de la cascade.

Martinique

Perle des Antilles comme on la surnomme parfois, la Martinique est une destination très prisée des touristes francophones. La Grande Anse des Salines, la montagne Pelée, la Caravelle ou encore le rocher du Diamant sont autant de sites que l'on retrouve fréquemment sur les cartes postales, posters et autres catalogues de voyagistes.

De Madinina à Aimé Césaire

Les 65 kilomètres de terre qui séparent Grand-Rivière de la pointe des Salines forment un trait d'union entre la Dominique au nord et Sainte-Lucie au sud. À l'est, l'océan assaille sans répit les côtes alors qu'à l'ouest, la mer des Caraïbes vient s'étaler langoureusement sur les magnifiques plages de sable fin. Si celles des Salines présentent une parure blanche qui disparaît lentement dans les eaux turquoise de la mer des Caraïbes, celles de Saint-Pierre au nord par leurs couleurs sombres expriment toute la gravité d'une région sous la domination capricieuse de la montagne Pelée.

Découverte en 1502 par Christophe Colomb lors de son quatrième voyage aux Antilles, l'île aux fleurs (*Madinina*) ne devient française qu'en 1635. Si elle n'intéresse guère les Espagnols, elle attise en revanche plus l'intérêt des Hollandais et des Anglais. Finalement, c'est la France qui s'octroiera de façon définitive ce bout de terre coincée entre deux possessions anglaises. L'histoire de l'île est malheureusement liée à la sombre période de l'esclavage et il faut attendre 1848 pour voir son abolition proclamée de manière définitive grâce au travail de l'inlassable Victor Schoelcher qui milita dès son plus jeune âge pour l'émancipation des Noirs et l'abolition de la traite. Ce fut également le cas de certains missionnaires et de l'abbé Grégoire en métropole. De l'épisode regrettable de l'esclavage résulta néanmoins un subtil métissage qui confère aux îliens une beauté tout antillaise mise notamment en valeur par la discrète coquetterie des femmes. Câpres et chabins se côtoient dans ce pays aux multiples couleurs à l'instar de celles des perles décorant les coiffures des jeunes filles. Mais comment évoquer l'esclavage et le métissage sans mentionner Aimé Césaire (1913-2008), poète de renom international et ancien maire de Fort-de-France? À l'origine du concept de la négritude, son influence politique et littéraire est restée profondément ancrée dans l'esprit des

Pays: France
Langue: français
Monnaie: euro
Capitale: Fort-de-France
Point culminant: montagne Pelée (1 397 m)
Courant: 220 v
Décalage horaire: GMT -4
Formalités: carte d'identité pour les ressortissants français
Période recommandée: de décembre à avril
Randonnée: bon réseau de sentiers balisés
Coups de cœur: montagne Pelée
En faire plus: kayak de mer, plongée, visite des jardins de Balata
Géomorphosites et autres curiosités naturelles: savane des pétrifications, presqu'île de la Caravelle
Produits locaux à ramener: rhum
À déguster sur place: fricassée de chatou (petite pieuvre), bisque de touloulous (crabes)
OT: www.tourismefdf.com
À lire: ouvrages d'Aimé Césaire

Sur l'itinéraire de la montagne Pelée.

Martinique

Ci-dessous
La montagne Pelée.

Double page suivante
Le rocher du Diamant à gauche et le morne Larcher.

Antillais. Son héritage est sans égal sur l'île, léguant même à la postérité sa pièce *La Tragédie du Roi Christophe*, œuvre inscrite au répertoire de la Comédie française depuis 1991.

Entre fer-de-lance et matoutou

La Martinique, de par sa configuration géomorphologique, possède une flore très diversifiée. Côte au vent, côte sous le vent, forêts d'altitude, mangroves et savanes sont autant de paysages que l'on découvre au fil du temps lorsque l'on séjourne sur l'île. La montagne est couverte de forêt d'altitude tropicale et humide souvent enveloppée par la brume et les nuages. On y croise la fougère arborescente, l'acajou, le gommier et de nombreuses plantes épiphytes (opposé à parasite). Tout en bas, le cocotier est l'objet de toutes les attentions lorsque le photographe soucieux de son cadrage cherche à immortaliser les plages de rêve. On se méfiera alors du mancenillier dont la sève est très corrosive et l'on se gardera bien d'effectuer une sieste sous son houppier. Quand la savane prend le pas sur les paysages luxuriants, apparaît alors le frangipanier, l'acacia et de nombreuses cactées. La mangrove occupe quant à elle les côtes où les eaux de mer rencontrent l'eau douce formant de vastes zones inondées d'eau saumâtre où s'épanouissent de nombreux palétuviers. D'ici peu, la moitié des espèces endémiques de l'île risque de disparaître si rien n'est fait pour endiguer leur éradication. La prise de conscience est réelle, mais sera-t-elle suffisante pour inverser la tendance ?

Le constat est globalement identique pour la faune où beaucoup de représentants ont fini par s'éteindre dont les perroquets, l'agouti ou encore le lamantin dont les quelques lettres de son nom n'évoquent plus que celui d'un bourg. À l'opposé,

À gauche
Un Syzygium jambos *ou jamrosat.*

À droite
Palétuvier sur le rivage de la mer des Caraïbes.

les espèces importées ont été à la source de nombreux problèmes. La mangouste en provenance d'Asie est introduite pour éradiquer le trigonocéphale et le rat lui-même importé, mais c'est un échec. La mangouste détruit les nids et devient responsable de la disparition de certains oiseaux et de celle de la quasi-totalité des iguanes déjà chassée par l'homme pour sa chair et son empaillage. De plus, elle n'inquiète guère le fer-de-lance, serpent venimeux relâché jadis dans les plantations afin de dissuader les esclaves de prendre la fuite. Vous éprouverez sans doute quelques émotions si vous rencontrez la célèbre matoutou falaise, mygale endémique peu agressive et pratiquement inoffensive mais dont la taille impose un certain respect (jusqu'à 15 cm). La matoutou, ou encore *Avicularia versicolor* pour les scientifiques, est strictement protégée et sa détention illicite.

L'un des 34 sites de la biodiversité mondiale

Contrairement à la Guadeloupe, la Martinique ne possède pas de parc national mais dispose d'un parc régional qui s'étend sur les deux tiers de l'île. Cet espace naturel comprend entre autres la montagne Pelée et la splendide presqu'île de la Caravelle. Au total, 32 communes bénéficient de l'accompagnement du parc vers un développement durable. En tant qu'île de la Caraïbe, la Martinique fait partie de l'un des 34 sites de la biodiversité mondiale, zone représentative de grande richesse biogéographique et de grande sensibilité. À ce titre, elle présente un grand intérêt du point de vue faunistique et floristique mais malheureusement certaines espèces encourent des risques d'extinction importants à court terme. L'économie insulaire, les traditions d'exploitation des ressources naturelles et l'émergence d'un tourisme de masse ont amené depuis une trentaine d'années le parc à échafauder une stratégie cohérente dont l'objectif majeur est la protection de ce territoire à forte valeur ajoutée. Venir à la Martinique uniquement pour ses plages et s'adonner au farniente ne présente pas un objectif de grande envergure au regard des randonnées qui existent. Un excellent maillage de sentiers fort bien entretenus offre aux visiteurs l'opportunité de découvrir autrement ce bout de Caraïbe dont la variété des paysages ne peut laisser personne indifférent. Et puis, lorsque vous saurez qu'une publicité vantant les vertus d'une célèbre marque de gel douche fut tournée sur l'île, vous vous direz peut-être que cette destination a un petit côté paradisiaque et « pacifique »…

Randonnées à la Martinique

10 LA MONTAGNE PELÉE

Coordonnées 14°48'34.51'' 61°9'59.00''
Départ le premier refuge. De la route de la Trace, rejoindre morne Rouge. Après 2 km en direction de l'Ajoupat-Bouillon, prendre à gauche la route de l'Aileron jusqu'à son terminus.
Dénivellation + 600 m
Horaire A/R moyen 3 h 30
Difficulté raideur des pentes au-delà du second refuge
Matériel spécifique aucun
Guide non
Intérêts particuliers point culminant de l'île

L'année 1902 a marqué de manière indélébile l'histoire de la Martinique. Le 8 mai à 8 heures du matin, la montagne Pelée explose propulsant à plus de 500 km/h une nuée ardente d'une puissance quarante fois supérieure à celle de la bombe de Hiroshima. La ville de Saint-Pierre est instantanément détruite sous l'effet du souffle. On dénombre alors 30 000 morts et trois survivants dont deux succomberont plus tard à leurs blessures. Entre mai et fin août, plusieurs nuées ardentes sont de nouveau émises. Progressivement un dôme apparaît. Une aiguille de lave émerge pour finalement atteindre 260 mètres de haut avant de s'effondrer en août 1903. Entre 1929 et 1932, une nouvelle période éruptive se produit mais ne fait cette fois-ci aucune victime. C'est durant cet épisode que se forme un nouveau dôme au-dessus de celui de 1902 que l'on nomme alors le « Chinois » (1 397 m).

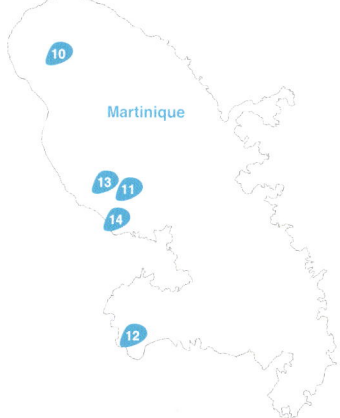

▶ Le sentier débute au pied du pylône relais de télévision à 824 m d'altitude au lieu-dit du « Premier refuge ». Tout d'abord tranquille, la pente se redresse peu à peu. Certaines portions du parcours sont aménagées pour limiter l'action destructive des randonneurs et des eaux de ruissellement. Le chemin continue jusqu'au col de l'Aileron (1 107 m) puis rejoint la croix Dufresnois érigée à 1 223 m d'altitude en mémoire du célèbre volcanologue. La caldeira atteinte, gagner le deuxième refuge (état déplorable) par le plateau des Palmistes surnommé ainsi en raison des palmiers qui s'y développaient avant l'éruption de 1902. Une entaille dans la caldeira permet une descente raide (aménagements) vers l'étang sec puis une remontée toute aussi sportive pour gagner le troisième refuge (état proche de l'insalubrité) et enfin le Chinois en transitant par le dôme de 1902.

11 LE CANAL DE BEAUREGARD

Départ lieu-dit le Bout du Canal. De Fort-de-France par la N 2, à l'entrée du bourg du Carbet, prendre le D 62 à droite. Après 1 500 m environ, une route étroite bétonnée monte vers le quartier de Bout-Bois. Poursuivre sur 2 km pour trouver le départ du sentier à droite dans un virage.
Dénivellation non significative
Horaire A/R moyen 1 h 30
Difficulté aucune
Matériel spécifique lampe frontale éventuelle pour la traversée du tunnel
Guide non
Intérêts particuliers parcours insolite le long d'un canal d'irrigation

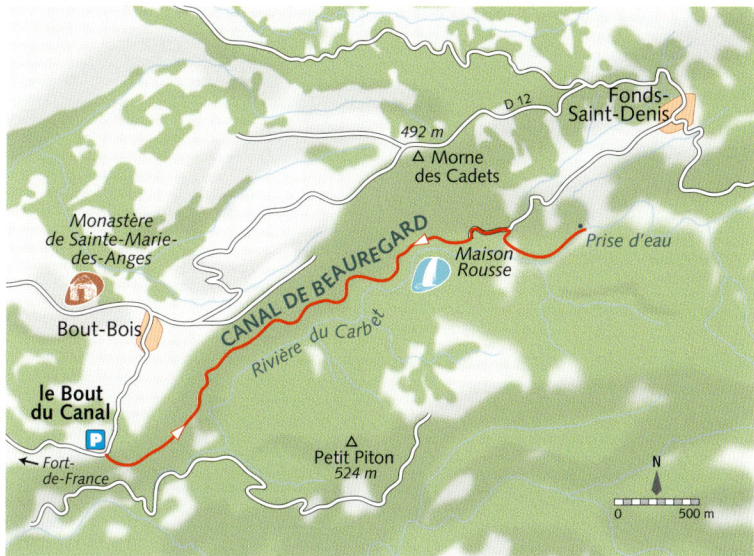

Cette randonnée n'est pas sans rappeler les itinéraires de levadas de l'île de Madère. La progression le long d'un canal dit « canal des Esclaves » édifié à flanc de morne se révèle insolite dans une région où ce genre de balades n'est pas légion. Destiné à alimenter les distilleries du Carbet et de Saint-Pierre, ce canal d'irrigation fut construit en 1760. Le parcours qui s'étale sur 7 km en A/R côtoie de petits à-pics d'où se révèlent de beaux points de vue lorsqu'il ne chemine pas à l'ombre des

Randonnées à la Martinique

fromagers, gommiers et autres fougères arborescentes. Au sol, de nombreux ciriques (crabes) surveillent les randonneurs le long du canal et la probabilité de les rencontrer est très élevée.

➤ Du Bout du Canal, une pancarte invite à rejoindre le début de l'itinéraire. La suite est simple, il suffit de suivre le muret parfois étroit (une trentaine de centimètres) qui borde le cours d'eau. De temps à autre, il est possible de quitter l'ouvrage pour progresser sur un sentier parallèle moins problématique pour les personnes sujettes au vertige. La plupart du temps, la marche se déroule sous les frondaisons où gommiers rouges, fromagers ou encore bambous bordent le chemin. L'ambiance est bucolique à souhait parmi les balisiers et les perspectives sur les mornes alentours réservent de belles surprises. Arrivé au petit bâtiment, descendre à droite l'escalier qui s'enfonce dans la végétation. Au panneau signalant le relais de la maison rousse (gîte), gagner le tunnel pour le traverser. Poursuivre sur le bon chemin pour atteindre la rivière du Carbet, terme de la randonnée.

Le retour s'effectue soit par le même itinéraire, soit par Fond-Saint-Denis si l'on dispose d'un second véhicule. Le stop et le bus sont deux alternatives dans ce cas.

12 LE MORNE LARCHER

Coordonnées 14°27'43.33'' 61°3'17.75''
Départ Anse Cafard. Du village du Diamant (sud-ouest de l'île), gagner Anse Cafard où un panneau sur la droite de la D 37 signale le départ de l'itinéraire.
Dénivellation + 380 m
Horaire A/R moyen 1 h 45
Difficulté raideur de la pente
Matériel spécifique aucun
Guide non
Intérêts particuliers point de vue sur la Grande Anse et le rocher du Diamant. Aire de départ pour parapentistes.

Le morne Larcher se situe face au rocher du Diamant, petite île emblématique de Martinique. Cette dernière, haute de 175 mètres, a joué un rôle important durant les guerres napoléoniennes : équipée de canons, l'île joua le rôle d'un véritable navire. En effet, possession anglaise depuis 1804, la Royal Navy promut le rocher au rang insolite de navire de guerre tout en le baptisant *HMS Diamond Rock*. Au terme d'une année et demie de tentative de reconquête, la France parvint enfin à reprendre l'île à l'ennemi de longue date, toujours prêt à établir son hégémonie dans la région au nom de l'Union Jack et ce, quels qu'en soient les moyens. De nos jours, le site fait office de sanctuaire pour une poignée d'espèces que l'on croyait disparues. C'est probablement le dernier refuge de la couleuvre couresse, reptile endémique de la Martinique. On y trouve également de nombreuses espèces d'oiseaux venus trouver la tranquillité au sein d'un écosystème particulier où les précipitations sont moindres et les périodes de sécheresse plus marquées.

Le morne Larcher représente le visage de la célèbre « Femme couchée » que l'on observe depuis Sainte-Anne ou encore de Sainte-Luce. Le sommet dessine la courbe du menton de cette surprenante silhouette bien connue des Martiniquais. Incontournable randonnée panoramique du secteur, ses sentiers permettent également aux amoureux des sports aériens d'accéder à une pratique plateforme d'envol. L'ascension quoique courte nécessite une bonne condition physique mais reste largement accessible à tout randonneur quelque peu entraîné.

➤ De la route, prendre la direction indiquée par le panneau. Remonter la petite voie menant au-dessus du village et atteindre le sentier qui bifurque ensuite pour débuter la raide ascension du morne essentiellement sous couvert. La progression se déroule principalement parmi les blocs, obligeant parfois à faire usage des mains. Après trois quarts d'heure de marche, le sentier finit par atteindre un replat vers 400 m d'altitude (aire de décollage pour parapentistes). De là, la vue est dégagée et magnifique sur le rocher du Diamant et l'anse homonyme. Il n'y a aucun intérêt à gagner le sommet du morne (478 m), ce dernier étant boisé, d'accès difficile et ne bénéficiant d'aucun point de vue.

13 LE CIRCUIT D'ABSALON

Coordonnées 14°40'38.10'' 61°5'43.25''
Départ station thermale d'Absalon. De Fort-de-France, prendre la route de la Trace en direction de morne Rouge. Après les jardins de Balata, s'engager à gauche sur la route d'Absalon conduisant à la station thermale homonyme. Parking à proximité du bâtiment.

Dénivellation + 190 m
Horaire A/R moyen 2 h
Difficulté aucune
Matériel spécifique aucun
Guide non
Intérêts particuliers circuit nature

Agréable boucle forestière sur les hauteurs de Fort-de-France, le circuit d'Absalon offre l'avantage d'une promenade tranquille à la portée de tous. Ici on ne privilégie pas la performance mais plutôt une progression paisible en harmonie avec la nature. On ne manquera pas en passant à Balata de rendre visite au Sacré-Cœur, réplique miniature de la basilique parisienne érigée en 1929. Son Christ ayant échappé à deux incendies a été élevé au rang d'icône depuis ces deux événements insolites.

Rose de porcelaine.

➤ Descendre le chemin empierré en direction des bains de la station thermale pour s'engager sur le sentier qui débute après le pont de la ravine d'Absalon. À la première fourche atteinte au bout d'une vingtaine de minutes, prendre le sentier de droite dit «trace de Duclos nord». Le chemin descend ensuite pour bifurquer sur la gauche en direction du plateau Michel. Ignorer l'itinéraire du piton Dumauzé et gagner en descente parmi les mahoganys (acajou) la route d'Absalon qui ramène au point de départ après 4 km de marche tranquille.

14 LES CASCADES DIDIER

Départ fontaine Didier. À Fort-de-France prendre la direction de Cluny pour gagner le rond-point du Vietnam Héroïque. De là, suivre la D 45 jusqu'à son terminus où le sentier débute à proximité d'une station ceinte par une clôture.
Dénivellation non significative
Horaire A/R moyen 1 h 30
Difficulté aucune
Matériel spécifique lampe frontale pour la traversée du tunnel et maillot de bain pour la baignade
Guide non
Intérêts particuliers cascades et baignade

L'intérêt de cette randonnée facile réside dans la découverte de deux chutes dont la première atteint 8 mètres de hauteur. À son pied, un beau bassin invite à la baignade. Autre bonne surprise, le site bénéficie d'un ensoleillement relativement long durant la journée. La visite à la seconde cascade nécessite un peu plus d'effort mais l'itinéraire emprunté n'est nullement rédhibitoire. Quant à la traversée du tunnel long d'une cinquantaine de mètres, c'est la partie la plus ludique du parcours qui pimente quelque peu cette tranquille randonnée.

➤ La randonnée débute le long de la station d'épuration. Après une brève descente, le chemin arrive rapidement à l'entrée d'un tunnel flanqué de plaques métalliques bleues. La traversée du conduit nécessite un peu de prudence car les tuyaux au sol sont assez glissants. Quelques chauves-souris habitent les lieux et l'on essayera de ne pas les déranger. Dès la sortie du tunnel, prendre à droite le petit sentier qui suit une canalisation. De là, progresser tranquillement pour gagner une petite retenue annonçant l'arrivée imminente à la première cascade. Traverser le cours d'eau pour s'engager sur le sentier ascendant menant à la seconde chute. Il passe au-dessus de la cascade puis remonte le lit de la rivière pendant une quinzaine de minutes pour finalement atteindre le terme de la randonnée.

Le long du canal de Beauregard.

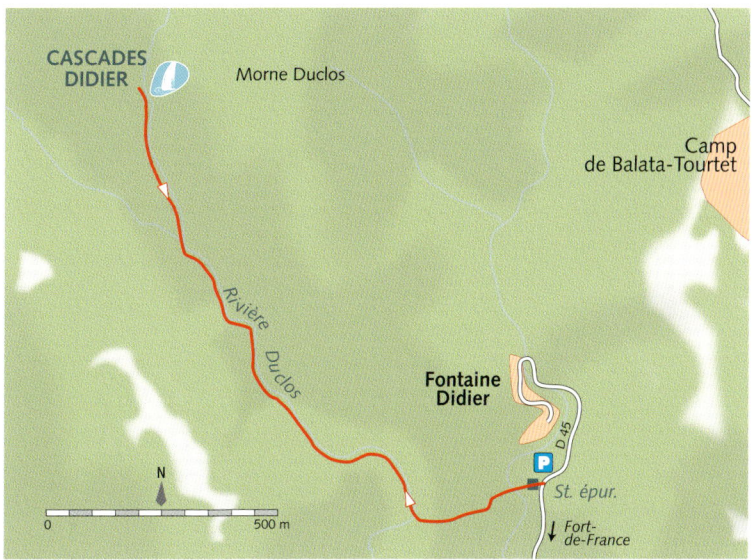

Sainte-Lucie

George F.L. Charles Airport est situé au nord de l'île à Castries. Ce petit aéroport destiné à accueillir les liaisons interîles est discrètement situé entre le mont Vigie et la magnifique plage de sable blanc tout naturellement nommée Vigie Beach. C'est ici que le premier contact va s'établir. Infrastructures modestes et ambiance anglo-créole nonchalante accueillent les visiteurs en quête de douceur de vivre. Relier la Martinique à Sainte-Lucie ne représente qu'un saut de puce mais aussi succincte soit-elle, la magie opère toujours.

▎La mangue des Petites Antilles

Sainte-Lucie n'est pas une île très prisée des touristes francophones comme peuvent l'être la Guadeloupe ou la Martinique. Découvrir la « Belle Hélène » comme on la surnomme parfois, c'est l'occasion de sortir des sentiers connus et d'élargir une vision parfois réduite que l'on peut avoir de la Caraïbe. Si la Guadeloupe ressemble à un papillon et Furteventura à une virgule, c'est bien à une mangue que fait penser Sainte-Lucie, mais à une mangue bien verte dont les reflets lumineux irisent les contours d'un halo blond. L'antagonisme entre la côte nord-ouest et l'intérieur de l'île est saisissant. Les amoureux de la nature seront surpris de découvrir autant de beauté sauvage et d'authenticité. Volcanisme actif, forêts tropicales, cascades nombreuses, faune et flore variées et douceur de vivre sont autant d'ingrédients naturels qui composent un plat que l'on dévore des yeux avant même de saisir les couverts. Alors que tout le monde s'est attablé, c'est dans la liesse générale que l'on discute et que l'on partage.

Si une fois de plus, Français et Anglais se sont disputés ce petit bout de terre de 43 kilomètres de long sur 23 de large pendant plus de 150 ans, Sainte-Lucie est devenue définitivement anglaise en 1814 puis indépendante – tout en restant membre du Commonwealth – en 1979. Il n'est donc pas surprenant de trouver des noms de village à consonance française ou encore anglaise, voire les deux comme à Marigot Bay. Les rues de ces petites bourgades incitent à la flânerie. Cases

Pays : Saint Lucia
Langue : anglais, créole
Monnaie : dollars caraïbes et US
Capitale : Castries
Point culminant : Mount Gimie (950 m)
Courant : 220 v (adaptateur)
Décalage horaire : GMT -4
Formalités : passeport en cours de validité
Haute saison : de décembre à avril
Randonnée : seules les classiques bénéficient d'un bon balisage. Guide généralement conseillé, voire obligatoire.
Déplacements sur l'île : location de véhicule 4x4 recommandée
Coups de cœur : ascension des Pitons
En faire plus : observation des tortues marines venant pondre à Grande Anse entre mars et août, plongée à Anse Chastanet.
Géomorphosites et autres curiosités naturelles : Pitons, the Lady Slipper Arch, volcan de Soufrière
Produits locaux à ramener : bière Piton, chocolat (production confidentielle), rhum
À déguster sur place : boudin créole, cari de poulet
OT : www.visitersaintelucie.fr
À lire : *Le Royaume du fruit étoile*, Derek Walcott (prix Nobel de littérature 1992), Éditions Circé

Les Pitons, emblème national de Sainte-Lucie.

et autres bâtiments colorés s'entremêlent dans des paysages ourlés de cocotiers où se nichent de tranquilles scènes de vie. Le long des rivages, dans les petits ports, les pêcheurs réparent les filets, discutent à l'ombre des arbres ou repeignent leurs embarcations. Ces dernières ont pour noms *Let us pray*, *Nothing stay the same*, *Gloire à toi Seigneur* ou encore *Jolie mer*. Ces noms sont à l'image des inscriptions peintes sur les devantures et les façades des bars et des échoppes. Ils célèbrent tous l'hymne à la vie et la dévotion envers Dieu. Le vendredi soir, la « Friday street party » embarque les villageois dans une sympathique frénésie où fument les barbecues et se vident les verres de rhum. Les lourdes basses du tempo reggae parcourent le sol et de pesantes vibrations envahissent instantanément le corps des personnes venues ici comme chaque semaine faire la fête. Jusque tard dans la nuit, les rues se muent en pistes de danse. Les lendemains sont probablement durs pour certains, mais qu'importe, c'est le week-end et le sermon dominical remet tout le monde dans le droit chemin.

▌Les Pitons, symboles et fierté de l'île

Soufrière est probablement la plus française des villes et ses environs les plus photogéniques de l'île. Blottie au cœur de la végétation, en bordure de mer, elle fait face aux Pitons, silhouettes emblématiques de Sainte-Lucie, classés au patrimoine mondial de l'Unesco. La seconde bourgade de Sainte-Lucie est toujours animée. De nombreux rastas fréquentent les étroites rues engoncées parmi les anciennes demeures coloniales peintes aux couleurs vives. Sur le front de mer, les cocotiers masquent à peine Petit Piton et la colline de Malgrétoute.

Si, sans être technique, l'ascension de Gros Piton demande une bonne condition physique, celle de Petit Piton nécessite de s'aider des mains tout en possédant un pied sûr. Ici, comme de partout sur l'île, il est difficile d'échapper à l'accompagnement d'un guide bien souvent obligatoire. Si au terme des randonnées, il vous reste quelque énergie, laissez-vous tenter par une des magnifiques plages que dissimule jalousement le site. Pour quelques dollars, un pêcheur vous mène à Anse des Pitons à bord de sa petite barque motorisée. À l'opposé, Anse Mamin, accessible à pied et bordée de cocotiers, dévoile « ses » Deux Frères, curieuses formations géologiques qui « scrutent » la mer, la tête au raz des eaux. Si vous êtes un adepte de la plongée, c'est vers Anse Chastanet qu'il faut se diriger. Ce site de renommée mondiale met à disposition tout le matériel nécessaire pour la pratique de ce sport. Dans la réserve

THE DRIVE-IN VOLCANO
Les sources sulfureuses de Soufrière présentent un paysage désertique et lunaire où s'échappent de nombreuses émanations malodorantes. Les 3 hectares du site correspondent à un cratère qui s'est effondré après s'être formé lors d'une gigantesque éruption volcanique il y a 40 000 ans. La dernière activité éruptive date de 1780 et de nos jours, la visite du secteur est très encadrée. Depuis le regrettable accident d'un guide insulaire qui s'enlisa dans les boues bouillonnantes, il n'est plus autorisé de parcourir le site sans accompagnant officiel. À l'entrée, un petit établissement thermal offre à ceux qui le désirent l'opportunité de prendre des bains de boue dans une atmosphère bon enfant. Pour la petite histoire, lorsqu'en 1784 le gouverneur français De Laborie fit analyser les eaux thermales des environs de Soufrière, les résultats montrèrent qu'elles possédaient les mêmes vertus que celle d'Aix-les-Bains dans les Alpes.
Le site des solfatares de Soufrière est le seul volcan au monde accessible en automobile, d'où son appellation de *Drive-in volcano*.

En haut
Castries.

En bas
Joli Boa constrictor *d'une vingtaine de kilos*.

marine, une grande vigilance est de rigueur afin de protéger ce spot exceptionnel. Aussi depuis quelque temps est-il demandé à chaque personne évoluant dans la baie de signaler auprès des clubs de plongée toute rencontre avec le poisson-lion (rascasse-diable-des-mers, p. 67). Ce chasseur nocturne sans véritable prédateur est une réelle menace pour l'écosystème côtier des Antilles. De par sa reproduction fulgurante, ce poisson venimeux risque de bouleverser dans les années à venir la biodiversité locale. Si l'éventuelle présence de cette rascasse dans les eaux saint-luciennes inquiète, ce n'est pas le cas de celle du marlin bleu, bien au contraire. Un spécimen de 426 kilos a été capturé il y a peu par un amateur français de pêche au gros, réalisant ainsi une des plus belles prises locales.

Castries

Si l'on vient à Soufrière pour sa douceur de vivre, son volcan et ses Pitons, à Anse La Raye pour ses *friday nights*, on visite plutôt Castries pour ses halles, ses échoppes et son marché. Ce dernier, un peu en retrait, a su garder son authenticité en offrant aux passants une multitude de fruits et légumes sur des présentoirs de fortune. Un peu plus loin, d'anciennes demeures coloniales enserrent la petite cathédrale de l'Immaculée Conception. Sur son flanc droit, le petit parc avec son kiosque, sa fontaine et son énorme *Samanea saman* offrent un espace de détente aux flâneurs. Cet arbre remarquable connu également sous le nom d'arbre à pluie a la particularité de replier ses folioles durant la pluie permettant à l'eau d'atteindre le sol et de les redéployer ensuite au soleil.

Jacquot le Croquant

Si vous recherchez l'aventure, c'est au centre de l'île qu'il faut mettre le cap. La Forest Reserve dispose d'un réseau de sentiers qui mènent en totale immersion au cœur de la forêt tropicale. Mais ici, il vaut mieux prendre un guide local qui vous évitera bien des écueils. Il vous invitera à la prudence dans certains secteurs où sévissent le boa constrictor et le trigonocéphale. Il vous emmènera sur des itinéraires fiables, évitant ainsi tout risque d'erreur quant aux sentiers empruntés. De plus, il vous permettra peut-être d'observer le jacquot ou *Amazona versicolor* comme le nomment les ornithologues. Ce perroquet est l'une des fiertés de l'île. Dans les années 70, il ne subsistait que quelques couples à Sainte-Lucie. Dès l'indépendance, le premier ministre de l'époque, John Compton, décide de réaliser l'impensable, sauver le jacquot. Il confie alors à G. Durrell du Jersey Wildlife Preservation Trust cette délicate mission. Ainsi naît le Saint Lucia Parrot Project. Commence alors un intensif programme de reproduction en captivité grâce à des spécimens prélevés dans leur milieu naturel. Parallèlement, une campagne d'information destinée à sensibiliser la population sur les bienfaits d'un tel projet se met en place. Toute chasse est alors proscrite et tout braconnier se voit lourdement puni. Finalement la réintroduction est un succès et ce VIP (Very Important Parrot) devient petit à petit l'oiseau emblématique de l'île. Pour l'observer, il vous faudra randonner en forêt, plutôt pendant les premières heures de la journée et bien sûr choisir le bon guide…

The Lady Slipper dont la forme évoque, comme son nom l'indique, une chaussure féminine.

Double page suivante
Les Deux Frères de l'anse Mamin au crépuscule.

Randonnées à Sainte-Lucie

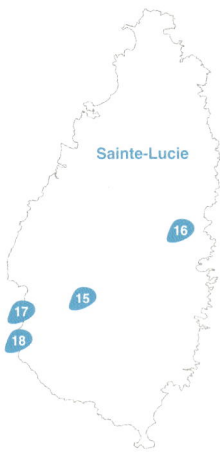

15 ENBAS SAUT WATERFALL TRAIL

Départ centre d'accueil sur les hauts du domaine de Fonds Saint-Jacques. De Soufrière, prendre la route de Diamond falls jusqu'au domaine de Fonds Saint-Jacques. De là, prendre la piste (en mauvais état) menant au plus près du centre d'accueil (4x4 fortement recommandé).
Dénivellation non significative
Horaire boucle de 2 h
Difficulté aucune
Matériel spécifique non
Guide obligatoire
Intérêts particuliers immersion totale en forêt pluvieuse. Faune et flore.

Situé à une dizaine de kilomètres à l'est de Soufrière, Enbas Saut Waterfall Trail est un circuit de 5 km se déroulant au cœur de la forêt tropicale. Il est nécessaire d'être accompagné d'un guide et de s'acquitter de la taxe obligatoire pour découvrir ce secteur isolé où la prudence est de mise. L'itinéraire est aménagé afin de faciliter la progression qui s'effectue dans une des régions les plus humides de l'île. Une des particularités de cette randonnée sauvage est la descente jusqu'à la cascade qui surgit parmi les roches ocre et brunes. À son pied, dans ce petit coin de paradis, un petit bassin invite à la baignade. Sur le chemin de retour, hibiscus, anthuriums et roses de porcelaine égaient la fin de ce parcours pittoresque en totale immersion dans un océan de verdure. La présence d'un guide est réconfortante quand on sait que la forêt abrite le boa et le trigonocéphale, dangereux vipéridé appelé également « fer de lance ». Le premier est un excellent nageur et n'hésite pas à grimper dans les arbres pour se saisir de ses proies. De la sous-famille des crotales, sa morsure est potentiellement mortelle. Cela étant, il est très rare de le rencontrer, tout comme sur l'île voisine de la Martinique. Plus rassurant, vous aurez peut-être l'opportunité d'observer l'*Amazona versicolor* (ou jacquot), le célèbre perroquet, emblème du pays dont la silhouette est omniprésente sur l'île.

▶ Le sentier – créé par le gouvernement saint-lucien – débute au baraquement jouxtant le kiosque. Il pénètre rapidement dans la forêt. La végétation est très dense et au sein des géants des lieux se mêlent fougères arborescentes et autres immenses bambous. Parmi les arbres rencontrés, le gommier est fréquent le long du parcours. Cette essence aux multiples usages produit un suc aromatique et inflammable utilisé entre autres comme encens et pommade thoracique destinée à soigner les fièvres.

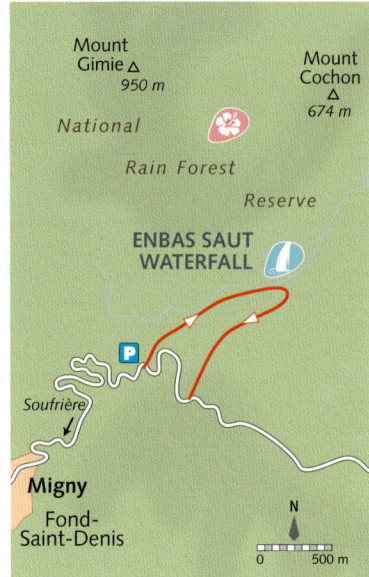

Le chemin aménagé permet une progression aisée. L'immersion dans cet océan de verdure est saisissante. Le chant des oiseaux omniprésent ajoute une note musicale à la randonnée et la forte humidité des lieux s'insinue sans complaisance dans les plus infimes espaces. Le cheminement dans cette moiteur extrême n'est pourtant pas désagréable. Le parfum du sol humide mêlé aux fragrances des plantes locales enivre peu à peu le visiteur. La magie opère. De temps à autre, de belles trouées, véritables fenêtres végétales, permettent l'observation de la forêt ambiante. L'impression d'isolement se fait de plus en plus présente. Sur le sentier, quelques crabes violonistes défient les visiteurs qui viennent les déranger. Le chemin atteint bientôt un bien étrange panneau vermoulu, rencontre pour le moins incongrue : diverses plaques indiquent les directions des grandes agglomérations de la planète. Le chemin gagne ensuite le lit d'une rivière qui faut traverser pour finalement accéder à un raide escalier de béton qui plonge vers la cascade.

Le retour se fait dans une ambiance similaire malgré un tracé différent. Quelques pamplemoussiers offrent leurs fruits au passage, rafraîchissante intention à l'égard des randonneurs. Le sentier rejoint enfin la piste prolongeant la « rain forest walk » pour retrouver le kiosque du départ. Sur cette dernière section, sont encore visibles les stigmates du cyclone Tomas passé en novembre 2010, faisant alors une quinzaine de victimes sur l'île. Dans le secteur, un pan entier de colline s'est effondré suite à un gigantesque glissement de terrain, obligeant le personnel du parc à retracer à flanc un sentier sécurisé.

Enbas Saut Waterfall Trail.

Randonnées à Sainte-Lucie

16 SAULT WATERFALLS

Coordonnées 13°54'38.18"N 60°54'9.12"W (Treetop Adventure Park)
Départ ancienne cabane du personnel de la réserve. De Vieux Fort, prendre la route au nord pour Dennery. De là, suivre les indications pour gagner le Treetop Adventure Park. Du parc, continuer durant environ 1 km sur la petite route étroite. Repérer sur la gauche une petite cabane au bord de la route, point de départ de la randonnée. Stationnement limité.
Dénivellation non significative
Horaire A/R approximatif 30 mn. Prévoir 1 h dans l'hypothèse de la remontée du cours d'eau principal.
Difficulté franchissements de cours d'eau à gué
Matériel spécifique non. Un maillot de bain dans l'éventualité d'un bain.
Guide non
Intérêts particuliers cascade, bassin et baignade

Sault Waterfalls.

Quoique courte et bien modeste en termes d'engagement, cette randonnée au cœur de la forêt tropicale mérite le détour. La cascade qui surgit au-dessus d'un escarpement basaltique et qui alimente un petit bassin serti dans un écrin de verdure est tout simplement magnifique. L'effort consenti pour atteindre la chute d'eau est négligeable et les seules petites difficultés résident dans le franchissement de modestes cours d'eau (attention cependant après de fortes pluies). Outre l'attrait d'une pause baignade, le site est également propice pour un pique-nique en parfaite communion avec la nature.

▶ De la route, s'engager sur le sentier sous couvert végétal qui descend en direction du cours d'eau. Franchir à gué ce dernier pour gagner en face le petit vallon qui longe un second petit torrent affluant après être passé sous un énorme rocher remarquable couvert de végétation. La cascade est bien visible au fond du petit cirque basaltique. Atteindre facilement la chute d'eau. Au retour, la remontée du cours d'eau principal présente un certain intérêt quant aux paysages rencontrés. La luxuriance des lieux et l'impression d'isolement ne laisseront pas insensibles les randonneurs curieux et aventureux. La prudence reste néanmoins de mise lors des multiples franchissements à gué.

17 LE PETIT PITON

Coordonnées 13°50'3.37"N 61°3'53.73"W
Départ Pitons Waterfall. De Soufrière, prendre la route au sud pour Fond Doux. À l'approche de Petit Piton, la quitter pour emprunter à droite le chemin raide en descente menant à l'hôtel Jalousie. Se garer à Pitons Waterfall (parking).

Dénivellation + 600 m
Horaire A/R approximatif 3 h
Difficulté raideur des pentes et passages exposés réclamant un pied sûr et une insensibilité au vertige.
Matériel spécifique bonnes chaussures et éventuellement des gants pour les passages équipés de cordes.
Guide recommandé
Intérêts particuliers ambiance et panorama sommital

Beaucoup de rumeurs plus ou moins fondées circulent autour de la randonnée menant au sommet de Petit Piton à 749 mètres au-dessus du niveau de la mer des Caraïbes : « Ascension interdite », « progression dangereuse » ou encore « escalade réservée aux grimpeurs ». Mais qu'en est-il exactement ? Ce qui est certain, c'est que cette ascension s'adresse à des personnes aguerries et possédant un pied sûr car il faudra franchir plusieurs passages exposés et s'affranchir de la présence de sections très raides. Ici, les guides officiels n'officient pas mais chaque année, la plupart des ascensionnistes atteint le sommet accompagné de locaux toujours prêts à monnayer leurs services. Ils sont nombreux à aborder les randonneurs à l'entrée de Pitons Waterfall au départ de l'itinéraire. Certains se vantent d'avoir effectué plusieurs centaines d'allers-retours, pieds nus pour les moins équipés. Cela étant et conscient des risques à encourir, on comprendra aisément que le choix d'un « accompagnant » fiable est un paramètre déterminant pour le bon déroulement de cette randonnée engagée.

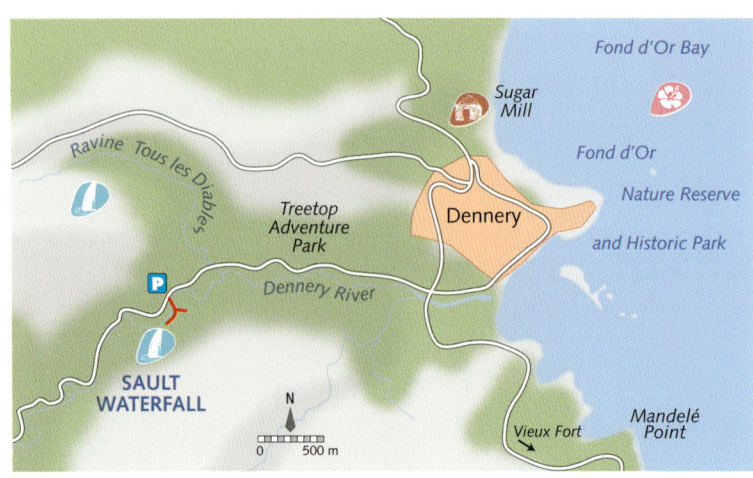

➤ Sitôt le départ trouvé, le chemin bien marqué est aisé à suivre. La progression s'effectue sous couvert. Les deux premiers tiers sont raides mais ne posent pas véritablement de problèmes. Il est toujours possible de prendre appui sur des racines et de s'aider de la végétation ou de blocs rocheux dans les sections les plus pentues. Le chemin mène ainsi jusqu'à « l'épaule ». À partir de là, la pente se raidit plus encore et plusieurs sections équipées de cordes se succèdent. Elles ne sont toutefois jamais bien longues. Ici encore, de nombreuses aspérités facilitent l'ascension qui réclame une certaine vigilance. Bien que non rédhibitoires, deux passages se révèlent toutefois un peu plus techniques. Un premier où il faut s'affranchir d'un bloc coincé et donc passer au-dessous et un second où il faut se faufiler dans une étroite fissure aidé par la présence rassurante d'une corde à nœuds.
Lors de la descente, il faudra rester vigilant en gardant à l'esprit que les pentes sont très raides et que la végétation donne parfois une fausse impression de sécurité.

18 LE GROS PITON

Coordonnées 13°48'37.72"N 61°4'2.91"W
Départ centre d'accueil de Fond Gens Libres. Depuis Soufrière, prendre au sud la route menant à Vieux Fort. Peu après Fond Doux (panneau « Gros Piton Nature Trail »), s'engager à droite pour gagner le petit village bigarré de Fond Gens Libres où attendent les guides (parking restreint).
Dénivellation + 650 m
Horaire A/R approximatif 3 h à 3 h 30
Difficulté raideur des pentes notamment dans la seconde partie de l'itinéraire (passages escarpés, rocheux et glissants selon les conditions climatiques).
Matériel spécifique aucun
Guide obligatoire
Intérêt particulier panorama sommital

Atteignant 786 mètres d'altitude, Gros Piton est le second point culminant de Sainte-Lucie après le mont Gimie (950 m). Au même titre que son petit frère, il est classé au patrimoine mondial de l'Unesco. Son ascension qui se déroule en grande partie sous couvert nécessite deux heures d'effort soutenu dans une atmosphère généralement très humide. Quelques beaux points de vue ponctuent l'itinéraire et offrent l'opportunité d'effectuer quelques haltes bienvenues. Au terme de la progression, l'étendue du panorama est magnifique sur la mer des Caraïbes, Sainte-Lucie, voire la Martinique par temps clair.

➤ La randonnée débute à la cabane colorée où l'on doit s'acquitter des formalités et se voir attribuer un guide officiel. Le centre est géré par le Forest and Land Departement. Jeunes, moins jeunes, femmes, hommes ou encore rastas attendent les marcheurs dans une atmosphère bon enfant aux accents créoles. Un panneau en bois indique la direction. Après le passage symbolique sous le porche en bois matérialisant le début de l'itinéraire, le chemin file nonchalamment en écharpe au pied de Gros Piton. La première section est assez tranquille et le sentier monte tranquillement parmi la végétation puis, la pente se raidit véritablement. À mi-parcours, un petit belvédère permet de jouir d'une vue de premier ordre sur Petit Piton tout proche. Dès lors, le cheminement toujours soutenu s'effectue souvent parmi les blocs et sur quelques portions, la pente est telle que des aménagements ont été installés afin de faciliter la progression. La végétation est abondante et variée. Acomats, acajous, gommiers ou encore fromagers s'élancent vers la canopée à la recherche de la lumière. Arrivé au sommet, la récompense est au rendez-vous. Tout le sud de l'île s'étale à nos pieds, de Choiseul à Vieux Fort. Par temps clair, c'est Saint-Vincent que l'on peut identifier au loin. On profitera de cette ascension pour se remémorer qu'au XVIIIe et XIXe siècle, esclaves et brigands trouvèrent refuge sur ces hauteurs.

Page 67, en haut
La rascasse volante ou poisson-lion, véritable menace pour l'écosystème côtier.

Page 67, en bas
Le Petit Piton.

Archipel des Açores

Archipel des Açores

L'impulsion du voyage est l'un des plus encourageants symptômes de la vie.

Agnès Replier

Si l'archipel des Açores est surtout connu en raison du célèbre anticyclone homonyme qui conditionne généralement la météo en Europe de l'ouest, il l'est en revanche bien moins concernant les innombrables possibilités de randonnées qu'il offre. Véritable joyau perdu dans l'océan Atlantique, il est composé de neuf îles qui surgissent des eaux à quelque 760 milles marins à l'ouest du Portugal et plus de 2 100 milles à l'est des USA. Cet archipel portugais fait partie de la Macaronésie, ensemble d'îles comprenant également les Canaries, les îles du Cap-Vert et Madère. Les Açores connaissent un climat océanique fort humide mais avec des variations annuelles relativement réduites. Entre octobre et mars, les températures sont plutôt clémentes mais c'est entre avril et septembre qu'elles sont le plus agréables. Côté maritime, le passage du Gulf Stream au sein de l'archipel confère aux eaux une température douce permettant de plaisantes baignades et de multiples observations de cétacés. Néanmoins, il est coutume de dire qu'il existe un archipel et neuf climats, un pour chaque île. Pour les climatologues, la situation est encore bien plus complexe si l'on tient compte des multiples microclimats. Si l'ensemble de ces variations n'est pas rédhibitoire pour les randonneurs, il faut savoir que la présence d'épais brouillards et de vents très violents peut perturber fortement les dessertes locales. D'une manière générale, les Açores affichent un taux d'humidité pouvant atteindre localement 80 %, autant dire que c'est un véritable paradis pour les fleurs, notamment pour les hortensias dont la floraison explose dès le mois de mai. Ce spectacle est à couper le souffle et la réputation (s'étendant bien au-delà des frontières) de cette symphonie florale n'est en rien usurpée.

Sur les 860 plantes recensées dans l'archipel, plus d'une cinquantaine est endémique conférant à cette destination un intérêt certain pour les amoureux de la nature et de ses richesses. Le genévrier et le laurier des Açores en sont les représentants les plus connus. Cependant depuis 1427, date généralement retenue concernant la découverte des Açores, l'homme a introduit bon nombre de variétés de plantes qui ont vite prospéré dans ce jardin naturel. La plus remarquable est probablement le dragonnier – ou sangre de drago – provenant d'autres îles de Macaronésie, à savoir l'archipel du Cap-Vert. Réputée pour sa longévité exceptionnelle, cette essence possédait un spécimen multicentenaire aux Canaries avant qu'une tempête ne mette fin à toute spéculation quant à son âge réel.

L'extension des pâturages et la production de bois de chauffage ont parallèlement contribué à la disparition de la forêt, modifiant de manière significative les paysages. Les vaches ont alors trouvé de nouveaux espaces où brouter, prairies quadrillées de murs de basalte derrière lesquels les troupeaux peuvent s'abriter les jours de grand vent. Si l'agriculture a contribué à la déforestation, l'importation d'essences a de son côté engendré un autre problème de taille et le mot *Pittosporum* revient inlassablement aux lèvres des botanistes. Cette peste végétale tend à devenir de plus en plus envahissante modifiant radicalement certains paysages au grand dam des scientifiques. Cependant, il serait réducteur de penser que la diversité de la flore locale se résume à cela.

Double page précédente
Povoação.

À droite
Le volcan des Capelinhos à Faial.

Nombreux sont encore les espaces préservés sur les hauteurs, dans les gorges et le long des escarpements où l'observation des espèces endémiques est possible. C'est en empruntant de magnifiques chemins de randonnée menant parfois dans des secteurs sauvages et reculés que le visiteur trouvera son bonheur.

Côté faune, l'archipel accueille de multiples espèces d'oiseaux dont le bouvreuil des Açores malheureusement chassé et devenu rare. Le garajau (sterne) quant à lui est protégé. Il ne saurait être dissocié des Açores lorsque l'on sait que 70 % des spécimens européens y viennent pour nidifier. Mais sans conteste, les véritables vedettes des lieux sont les cétacés. Il fut un temps où la chasse aux cachalots était étroitement liée à la vie de certains petits villages notamment sur l'île de Pico. Mais autres temps, autres mœurs, cette activité n'avait rien de commun avec la cruauté des pêches actuelles pratiquées par certains pays – malgré le moratoire institué en 1985 – à l'image de la Norvège, du Japon et de l'Islande. Plusieurs variétés de dauphins sont aisément observables à proximité des côtes. Pour quelques dizaines d'euros, des structures emmènent les touristes au large afin d'approcher ces mammifères. Si ces rencontres ont toujours quelque chose de magique, c'est l'observation – ne fusse que rapide – des cachalots qui restera le plus impressionnant pour la majorité des visiteurs.

Les Açores ne sont pas une destination très prisée et c'est l'un des atouts de ce petit paradis perdu entre Europe et Amériques. À l'écart du tourisme de masse, l'archipel a su garder une certaine authenticité. Ici, il fait bon randonner parmi de somptueux paysages dont la variété est sans conteste une véritable chance, ou encore flâner au cœur de paisibles petits villages. De nombreux sentiers sont balisés et permettent une orientation aisée. La majorité des randonnées sont accessibles à tous. Mise à part l'ascension de la montana do Pico et l'exploration de certaines lombadas (vallées encaissées), les marches ne sont jamais épuisantes ou véritablement exposées. Ici, la nature est parfois exubérante et la progression parmi la verdure comme sur l'île de São Miguel procure un bonheur incomparable. Et puis l'hospitalité açorienne n'est pas une légende. Arrêtez-vous pour prendre une photo ou encore pour déplier une carte à la recherche d'un itinéraire et bientôt on viendra à vous pour discuter, pour échanger… Qu'il est bon de s'abandonner à une telle douceur de vie…

Faial

Il faut arriver à Faial par la mer et entrer dans son port comme on pénètre dans une église, religieusement, sans bruit, le regard curieux.

▌Horta, escale incontournable

Ici, à Horta, les plus grands noms de la voile ont un jour ou l'autre amarré leur embarcation sur les quais de la marina. Faial est connue des navigateurs du monde entier et il lui est bien difficile de se souvenir des milliers de marins ayant fait escale dans son port mythique de Horta. Skippers chevronnés, aventuriers des mers, familles en vacances, tous se retrouvent, échangent dans ce

Pays : Portugal (région autonome)
Langue : portugais
Monnaie : euro
Point culminant : Cabeço Gordo (1 043 m)
Courant : 220 v
Décalage horaire : GMT -1
Formalités : carte d'identité pour les ressortissants français
Période recommandée : de juin à septembre
Randonnée : sentiers généralement très bien entretenus et bien balisés
Déplacements sur l'île : location de véhicule recommandée
Hébergement : nombreuses quintas à prix abordables
Coups de cœur : ponta dos Capelinhos
En faire plus : visite du village et du phare de Ribeirinha détruits par le séisme de 1998, belles plages d'Almoxarife, phare de Vale Formoso, marina de Horta.
Géomorphosites et autres curiosités naturelles : formations volcaniques de la ponta dos Capelinhos, ponta Furada (arche basaltique côtière)
Produits locaux à ramener : *fofas* (gâteau typique)
À déguster sur place : ragoût de poulpe au vin
OT : www.visitazores.com
À lire : *Azores, island to island* (VerAçor)

La marina d'Horta, connue de tous les skippers de la planète, une escale privilégiée lors des traversées transatlantiques.

lieu où, si l'on parle toutes les langues, la plus usitée reste celle de la mer. Le soir venu, les visages burinés des vieux loups de mer hantent le comptoir et les tables du Peter's Café où se retrouvent les marins de tous bords. On y parle aventure, records, transats, certains se laissent aller à compter leur vague à l'âme et les raisons de leur fuite vers l'immensité des océans. Quelques-uns évoquent leurs rencontres passées dans le port de Horta avec Éric Tabarly, Titouan Lamazou, Alain Colas ou encore Jacques-Yves Cousteau, l'homme au célèbre bonnet rouge. Ce lieu de rencontres est aussi un endroit où l'on peut acheter des cartes postales, recevoir son courrier ou encore échanger des devises.

Sur le port, les navigateurs laissent traditionnellement un témoignage de leur passage. On ne compte plus les peintures murales figées par ces artistes plus ou moins confirmés. Si les éléments ont tôt ou tard raison de ces œuvres, rien n'arrête la farouche obstination des marins à redonner éternellement des couleurs aux murs de la marina. Les graffitis les plus défraîchis rappellent toutefois que l'on est ici aux Açores, terre d'escale où les facéties climatiques mettent parfois à rude épreuve l'environnement.

Un volcan sorti des eaux

Après ce premier contact haut en couleur et baigné d'aventure, vous allez découvrir une autre particularité de cette île attachante et envoûtante car vous êtes ici en terre volcanique : 1957 reste dans l'inconscient collectif une date clé pour les insulaires et les volcanologues. Cette année-là, un volcan surgi de l'océan vient épouser l'île en phagocytant son extrémité occidentale. Le phénomène est tel que les plus grands scientifiques accourent pour se rendre compte de cette activité dévastatrice (voir p. 80, ponta dos Capelinhos).

À l'extrême est, c'est la région de Ponta da Ribeirinha qui est secouée par un séisme en 1998. Suite à cet événement, la petite église du bourg est restée en l'état à l'image du phare lézardé et partiellement détruit.

Le point culminant de l'île se situe presque au centre du pentagone que constitue Faial, comme si la nature dans un élan artistique s'était laissée aller à quelques facéties esthétiques. Le Cabeço Gordo, à 1 043 mètres au-dessus du niveau de la mer, surplombe la superbe caldeira dont le seul nom fait office de qualificatif à cette immense dépression de plus de 400 mètres de profondeur. La toponymie du lieu est ici réduite à sa plus simple expression. Ce cône volcanique de 2 kilomètres de diamètre est classé réserve naturelle et la descente à l'intérieur est interdite. Le lac qui recouvre partiellement le fond était bien plus important avant l'éruption de 1957. Lors de cette activité, les secousses telluriques entraînèrent une réduction du volume des eaux, réduisant ainsi la superficie du lac.

Si l'on vient ici pour admirer la caldeira, on ne peut ignorer le panorama sur l'île voisine de Pico. L'endroit idéal pour contempler le sommet du Portugal est d'emprunter au retour la belle piste de terre battue qui plonge vers le rivage avec en point de mire le cône du volcan de l'île voisine. Si Faial est surnommée l'île bleue en raison des nombreux hortensias qui y fleurissent l'été, d'autres qualificatifs viennent immédiatement à l'esprit lors de son exploration, attisant ainsi l'envie pressante de revenir. Faial terre de marins, terre aux multiples facettes façonnées par la rudesse des éléments qui l'assaillent depuis toujours…

Aux Capelinhos.

Double page suivante
En descendant de la caldeira.

Randonnées à Faial

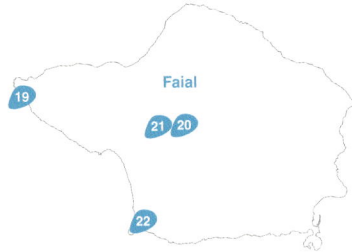

19 LE VOLCAN DES CAPELINHOS

Coordonnées 38°3'48.35''N 28°49'31.64''W
Départ parking du centre de vulcanologie. De Horta, gagner l'extrême pointe ouest de l'île par Castelo Branco. 3,5 km après Rua da Igreia prendre à gauche la route menant au Farol dos Capelinhos (vaste parking).
Dénivellation + 200 m
Horaire A/R moyen 1 h 30
Difficulté aucune
Matériel spécifique aucun
Guide non
Intérêts particuliers site vulcanologique de premier ordre

Le 27 septembre 1957 aux premières heures de la matinée, l'île de Faial a été le théâtre d'un phénomène géologique hors norme. Un chasseur de baleine alors à l'affût de ces mammifères a subitement le regard attiré par une zone de remous située à environ 800 mètres de la côte. Quelques heures plus tard, c'est un panache volcanique qui surgit des flots atteignant 4 kilomètres d'altitude. L'éruption est alors visible depuis toute l'île. Petit à petit un nouvel îlot rapidement baptisé Ilha Nova émerge des eaux. Ce phénomène spectaculaire attire rapidement les scientifiques du monde entier dont le Français Haroun Tazieff. Au fil du temps, les cendres se déposent sur les paysages provoquant un véritable désastre écologique. Petit à petit, la zone éruptive se déplace vers l'est pour venir s'amarrer à la côte. Au mois de mai, l'apparition d'un lac de lave est accompagnée par un puissant séisme qui détruit de nombreuses habitations heureusement évacuées. Il faut attendre le 24 octobre 1958 pour observer l'arrêt définitif de l'éruption et le tout début de l'apparition des phénomènes érosifs. Sur les 2,5 km² gagnés par l'île à cette époque, il n'en demeure que la moitié de nos jours. Le site a néanmoins gardé son aspect lunaire et quasi désertique. Le phare en partie épargné par les secousses telluriques trône toujours à proximité du rivage mais davantage en retrait des eaux, vision étrange d'une activité volcanique très récente à l'échelle géologique. À proximité, sous terre, un musée retrace l'éruption de 1957 et informe les visiteurs sur les diverses activités volcaniques des Açores et de notre planète.

➤ Du parking, rejoindre l'ancien phare en suivant au mieux la côte puis prendre le sentier en direction du rivage pour descendre un premier escarpement et parvenir à la barrière de cordage. Suivre cette dernière en cheminant dans les cendres et gagner la base du volcan. Le sentier monte droit pour flirter avec l'impressionnant escarpement de strates grises et beiges. De là, différentes sentes grimpent de part et d'autre du petit vallon situé au-dessus des falaises. Sur la gauche, une très raide pente permet d'accéder au reste du cratère en demi-lune, superbe falaise rouge et noire déchiquetée et ruinée par les effondrements successifs. Pour des raisons évidentes, il est fortement recommandé de ne pas s'approcher aux bords des à-pics. La suite est consacrée à l'exploration de ce site remarquable, notamment de la petite baie au nord et de sa belle arche. On y rencontre de nombreuses bombes volcaniques (fragments de lave projetés lors d'une phase éruptive) disséminées aux alentours et la configuration des lieux est en tout point remarquable. De retour au phare, remonter le long de la falaise (on passe à l'endroit où était installé le guetteur de baleines le jour de l'éruption) pour gagner un plateau. De là, s'engager dans le vallon sud-ouest qui traverse les champs de cendre. Emprunter les entailles façonnées par l'écoulement des eaux. Revenir au centre d'information puis au parking de départ en suivant tranquillement la petite route.
N.B. : pour les férus de volcanologie, la visite du musée est un complément intéressant à cette randonnée résolument placée sous le signe de la géologie.

20 LE TOUR DE LA CALDEIRA

Coordonnées 38°34'49.50''N 28°42'22.72''W
Départ parking au terminus de la route de Horta. De Horta, prendre la direction de San João. De la bourgade, s'engager sur la droite pendant 2,5 km pour atteindre une bifurcation. Obliquer alors à gauche sur la route montant en lacet pendant 6 km jusqu'à la caldeira (vaste parking).
Dénivellation 230 m
Horaire A/R moyen 2 h 15
Difficulté aucune
Matériel spécifique aucun
Guide non
Intérêts particuliers point culminant de Faial, panorama de tout premier ordre

Aux Capelinhos parmi les strates de cendre.

Randonnées à Faial

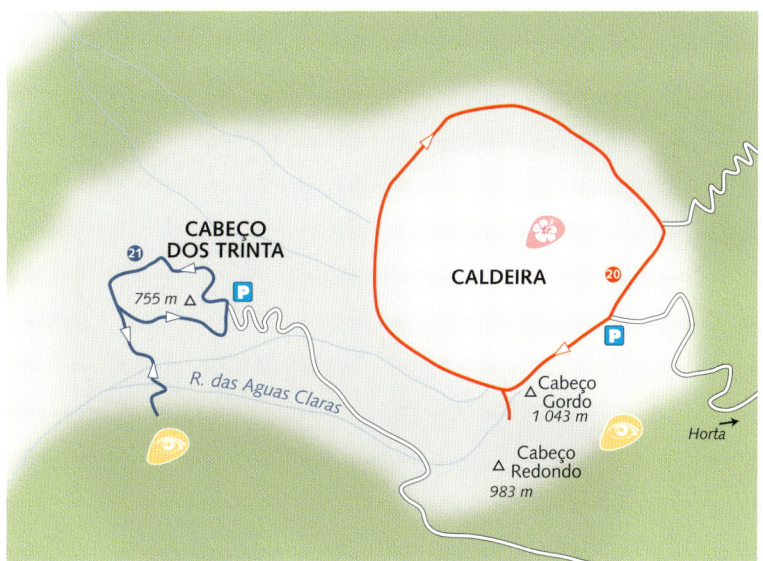

Aucune autre randonnée sur l'île de Faial ne présente autant d'intérêt du point de vue panoramique que celle cheminant autour de la caldeira. Il n'est pas étonnant de constater qu'elle passe par le point culminant de l'île. De là-haut, Pico semble à portée de main et São Jorge guère plus éloignée. Lors des journées les plus claires, c'est Grasiosa qui est bien identifiable au nord-est. Sans jamais véritablement s'éloigner de la dépression, durant 7 km s'enchaînent de spectaculaires vues sur le gigantesque cratère enveloppé dans une délicate et omniprésente verdure. Évoluant au sein d'une réserve naturelle, tout prélèvement et toute dégradation du milieu sont strictement interdits. Le long de l'itinéraire, il est difficile de ne pas accumuler les photographies tant les points de vue qui se succèdent se révèlent spectaculaires. Reste à bien choisir le jour de la randonnée, car ici le brouillard et la brume sont fréquents et les vents parfois violents.

➤ Avant de débuter le tour du cratère, il est recommandé de passer le petit tunnel pour accéder au point de vue aménagé qui délivre un magnifique panorama sur la dépression et l'ensemble du parcours qui va être effectué. Sur le site, des pancartes donnent diverses précisions sur la biologie, la géologie et la localisation. On y apprend qu'ici, à 896 mètres d'altitude, 2 712 km nous séparent de Paris et 17 de l'île voisine de Pico. Le chemin débute aux panneaux informatifs et prend une direction sud-ouest. Bien tracé, il s'élève dans la pente parmi les pelouses. Par la suite, il longe une ancienne clôture aux piquets en béton. C'est finalement au terme d'une progression assez soutenue que l'on atteint la station et ses émetteurs. À 1 043 m au-dessus du

La caldeira.

Randonnées à Faial

Pont permettant à la levada de franchir une ravine escarpée.

niveau de l'océan, la vue est de toute beauté, notamment sur l'île de Pico. Le parcours se poursuit dans le sens horaire. La section sud-ouest emprunte quelque temps la piste menant à la station puis rejoint à nouveau le bord du cratère. C'est ainsi que l'on passe à l'Alto do Guarda Sol (1 003 m), puis à l'Alto do Cabouco (918 m). De là, le sentier continue sa progression sur la crête herbeuse pour gagner la petite chapelle puis le parking.

21 CABEÇO DOS TRINTA – LA LEVADA DU CHEMIN DES VOLCANS

Coordonnées 38°34'49.50"N 28°42'22.72"W
Départ 4e épingle depuis Lagoa. De Praia do Norte (est de l'île), prendre la route qui mène à la caldeira en passant par Miradouro. Laisser son véhicule dans la 4e épingle après Lagoa (720 m).
Dénivellation + 150 m
Horaire A/R moyen 2 h
Difficulté aucune
Matériel spécifique éventuellement une lampe frontale pour la traversée du petit tunnel
Guide non
Intérêts particuliers tunnel insolite et parcours de levadas

Si les levadas sont légion sur l'île de Madère, en revanche elles sont plutôt confidentielles aux Açores. Celle dont il va être question alimente en eau une centrale hydroélectrique construite en 1963. À l'époque, cette installation était considérée du point de vue de la conception comme la plus innovante dans l'archipel des Açores. Les parcours de levadas sont généralement tranquilles, autant par leur faible dénivellation que par l'ambiance qui s'en dégage. Ici, durant la progression, le chant des oiseaux pour la plupart endémiques se conjugue à la douce mélodie de l'eau s'écoulant dans le canal. Calme et sérénité sont les maîtres mots de cette randonnée sur les flancs de la caldeira. Cependant avant de cheminer paresseusement le long de la levada, il est possible d'effectuer un petit parcours ludique consistant à descendre dans le cratère d'un petit cône volcanique et d'en sortir par un tunnel dérobé. Ce passage façonné en pierre de taille étonne par son côté insolite.

▶ De l'épingle, s'engager sur le sentier qui grimpe tranquillement parmi les cryptomerias et autres fougères pour gagner le bord du Cabeço dos Trinta (752 m). Plusieurs sentes très raides donnent accès au fond du cratère tapissé de pelouses et de bruyères. La sortie de la dépression s'effectue par un pittoresque et discret tunnel. Peu long, son tracé rectiligne permet d'apercevoir la lueur de la sortie dès que l'on pénètre à l'intérieur. La traversée du boyau bien que facile se révèle plus aisée avec une lampe frontale. Parvenu à la sortie, on constate que ce passage est bien caché dans la luxuriance de la végétation. On peut y observer des essences diverses (*Laurus azorica*, *Ilex azorica* ou encore la bruyère). Continuer sur le bon chemin pour rencontrer une bifurcation. Prendre alors à gauche pour gagner la route et la traverser. Un panneau indique la levada (« Levada – PR6 FAI – Chemin des volcans »). Dès lors, le canal s'enfonce sous les cryptomerias et c'est sans difficulté que l'on suit le cours d'eau. À plusieurs reprises il faut évoluer sur les petites dalles de béton qui enjambent la levada. Cette dernière traverse bientôt une gorge profonde d'une quinzaine de mètres. Le passage est sécurisé par des barrières et un panneau indique que le franchissement simultané de plus de deux personnes est interdit. Le chemin poursuit sa course pour sortir peu à peu du couvert végétatif. Les cryptomerias laissent alors la place aux bruyères et aux hortensias et la vue se dégage. Ce magnifique belvédère atteint marque la fin de ce bucolique itinéraire. Pour le retour, revenir sur ses pas jusqu'à la route puis suivre en montée cette dernière pour regagner le point de départ du parcours.

22 MORRO DE CASTELO BRANCO

Coordonnées 38°31'27.14"N 28°45'2.70"W
Départ à gauche à la sortie de la bourgade de Lombega au nord-ouest de l'aéroport de Faial, en direction de la ponta dos Capelinhos (panneau de balisage PRC5 FAI).
Dénivellation + 160 m (300 m si l'on inclut l'ascension du rocher)
Horaire moyen 1 h 30 en boucle
Difficulté aucune jusqu'au rocher. L'ascension de ce dernier est en revanche strictement réservée aux personnes expérimentées.
Matériel spécifique aucun
Guide non
Intérêts particuliers parcours côtier de premier ordre. Faune et flore endémique.

Cette randonnée de 4 km se présente sous la forme d'un circuit qui débute et prend fin dans la petite localité de Lombega. Son intérêt principal est bien entendu la découverte du Morro de Castelo Branco, petite presqu'île rocheuse où se développent bon nombre de plantes endémiques des Açores. Cette zone est classée comme réserve et est répertoriée dans le réseau Natura 2000. La silhouette rappelant un château et la couleur blanche de la roche sont à l'origine de la toponymie du lieu. Facile et accessible à la plupart, l'approche du rocher ne présente pas de difficulté particulière. Son ascension en revanche est réservée aux personnes aguerries possédant un pied sûr.

➤ L'itinéraire débute par une piste qui descend parmi les pâturages en direction de la côte. Le chemin passe à proximité de la Gruta das Anelares, cavité volcanique de 35 m de long qu'il n'est malheureusement pas possible de visiter. Continuer sud-ouest pour gagner la côte que l'on suit jusqu'au rocher. L'ascension dangereuse de ce dernier est réservée aux personnes expérimentées. S'engager sur le bon sentier permettant de passer une croupe herbeuse pour parvenir à la base du rocher. De là, une sente ténue très exposée cheminant sur l'étroiture au-dessus des falaises atteint le petit plateau sommital perché 150 m au-dessus de l'océan et la petite station juchée sur son treillis métallique.

Pour le retour, suivre la route asphaltée pour regagner le village de Lombega, point de départ de la randonnée.

L'accès au sommet du Castelo Branco se fait par l'épaule raide bien visible au centre du monolithe.

Pico

De forme allongée, Pico est la seconde île des Açores par sa superficie atteignant 444 kilomètres carrés. Cette île parfois dénommée « l'île noire » doit cette appellation à la roche sombre qui la compose, à savoir le basalte. Cette roche volcanique issue d'un magma refroidi rapidement est omniprésente dans les paysages leur conférant une atmosphère toute particulière.

▌Un paysage viticole classé par l'Unesco

C'est pour cette raison qu'il faut entre deux randonnées prévoir la visite de la Gruta das Torres. Dans les environs de Madalena, cette grotte est l'un des dix plus grands tunnels de lave au monde. Long de plus de 5 kilomètres, c'est seulement en 1990 qu'il fut découvert. La formation la plus insolite présente dans la cavité est la « Mona Lisa » de lave qui orne son sol. La visite débute par une

Pays: Portugal (région autonome)
Langue: portugais
Monnaie: euro
Point culminant: ponta do Pico (2 351 m)
Année de découverte: autour de 1427
Courant: 220 v
Décalage horaire: GMT -1
Formalités: carte d'identité pour les ressortissants français
Période recommandée: de juin à septembre
Randonnée: vaste choix d'itinéraires balisés. Sentiers généralement très bien entretenus.
Déplacements sur l'île: location de véhicule recommandée. Loueurs locaux à prix attractifs.
Coups de cœur: ascension de la ponta do Pico
En faire plus: visite des vignobles de Pico (Unesco)
Géomorphosites et autres curiosités naturelles: gruta das Torres, ponta do Pico
Produits locaux à ramener: vin Verdelho do Pico
À déguster sur place: murène frite et son accompagnement de légumes frais
OT: www.visitazores.com
À lire: *Azores, island to island* (VerAçor)

Sur l'itinéraire de la ponta do Pico.

rapide descente dans le boyau minéral que l'on explore ensuite sur 500 mètres en suivant les pas d'un guide tout en étant muni d'un casque et d'une frontale.

Ici, le basalte se décline également à la mode viticole. Depuis le XVe siècle, la vigne tapisse le bas de Pico où le sol riche en nutriments, associé à un microclimat clément, favorise la bonne maturation du raisin. Les locaux font pousser les pieds de vigne dans la roche à l'intérieur de petites cellules délimitées par des murets de roche volcanique appelés « currais ». On imagine aisément le travail titanesque effectué au fil des siècles par les hommes pour construire de tels réseaux. Le très faible indice albédo (pouvoir réfléchissant d'une surface) de la lave favorise la rétention de la chaleur en journée et la formation de rosée en fin de nuit, deux phénomènes propices au développement des ceps. Le caractère insolite de ce genre de culture a valu au paysage viticole de l'île le classement en 2004 au patrimoine mondial de l'Unesco. De cette culture est élaboré entre autres un vin blanc, le fameux terras de lava, et un vin rouge, le bien nommé basalto.

Le toit du Portugal

Mais la plus grande fierté de Pico est de posséder le point culminant du Portugal. Du haut de ses 2 351 mètres, ce volcan aux lignes épurées, majestueux cône confinant à la perfection, est la vedette incontournable de la région. Tout randonneur se doit de gravir la ponta do Pico et d'en ramener les souvenirs d'une vue grandiose depuis son sommet. Les conditions de l'ascension s'avèrent parfois difficiles car des vents violents peuvent sévir et les nuages ainsi que le brouillard rendent occasionnellement le cheminement problématique. Aussi, un ensemble de repères a-t-il été mis en place afin de faciliter la progression en cas de visibilité réduite. Quant à la neige, il arrive qu'elle vienne saupoudrer ce stratovolcan qui prend alors des allures de mont Fuji.

LES AZULEJOS

Très fréquents dans la péninsule ibérique, les *azulejos* désignent un ensemble, ou même un seul carreau de faïence décoré de représentations signalétiques ou encore religieuses. Cet art a connu son apogée au Portugal au XVIIIe siècle. Ce n'est donc pas surprenant de découvrir parfois de véritables œuvres d'art dans l'archipel des Açores. Le terme d'*azulejo* n'est pas comme son orthographe pourrait le laisser imaginer un mot portugais mais bien arabe. À l'origine, il s'agissait d'imiter les mosaïques romaines en utilisant de petites pierres polies. Pour les Portugais, cet art est une véritable fierté et de nombreux ateliers s'emploient à le pérenniser et à l'adapter au fil du temps en lui donnant une touche plus ou moins prononcée de modernité.

Si lors de votre voyage aux Açores, vous avez la possibilité de faire escale et de visiter Lisbonne, ne manquez pas de consacrer un moment au musée de l'*azulejo* de la capitale portugaise.

Ci-contre
Un azulejo *sur une façade de maison à Horta.*

En haut
Le lagoa Seca.

En bas
Cultures traditionnelles de la vigne et de la figue sur les flancs du Pico.

Double page suivante
La ponta do Pico vue depuis le lagoa do Capitão.

Randonnées à Pico

23 PONTA DO PICO

Coordonnées 38°28'7.15"N 28°23'56.29"W
Départ Casa da Montanha. Depuis Madalena, prendre la bonne route qui mène au lieu-dit Casa do Abrigo. De là, s'engager à droite dans une petite voie qui s'élève sur le versant ouest du mont Pico pour atteindre la Mountain Rescue Station (parking).
Dénivellation + 1 200 m
Horaire A/R 5 h
Difficulté cette randonnée s'adresse aux personnes entraînées et habituées à évoluer en terrain pierreux. L'ascension du Piquinho nécessite l'utilisation des mains. Prudence en cas de grand vent.
Matériel spécifique vêtements chauds, coupe-vent. Frontale et sifflet en cas de perte de visibilité.
Guide facultatif
Intérêt particulier point culminant du Portugal

Il est impératif de s'inscrire auprès du personnel de la Maison de la Montagne. Seront alors enregistrés vos noms, votre heure de départ et votre heure estimée de retour. À cette occasion, vous repasserez par votre point de départ pour signaler votre retour. Dans le cas contraire, une équipe partira à votre recherche. Notez également qu'il est possible de prendre une assurance car les secours sont payants et très onéreux. Vous voilà donc paré à affronter les 7,5 km de marche qui s'égraineront durant près de 5 heures.

Un des nombreux cratères présents le long de l'itinéraire.

Page de droite
Piquinho, un petit cône de 70 mètres de haut, aux parois abruptes, enserré dans le cône principal.

➤ L'itinéraire débute au petit monument métallique qui précède les premières marches en rondins. La montée se déroule tout d'abord dans un environnement verdoyant où l'on côtoie de petits cônes volcaniques. Le ton est vite donné. Au fil des pas, la progression se fait sur un sol devenant de plus en plus minéral. Tout le long du parcours, des marques blanches servent de repère. Au fur et à mesure que la pente se raidit, la végétation tend à se raréfier. La lande laisse place aux mousses et aux lichens. L'arrivée au bord du cratère a quelque chose de magique. Les dernières pentes défendant le bastion se dévoilent sous la forme d'un esthétique cône rocheux isolé et abandonné aux vents parfois violents. À partir de là, il ne reste que la partie la plus pentue à gravir. Quoique la vue soit déjà magnifique, il serait néanmoins dommage de se contenter de l'antécime. Après avoir traversé la petite dépression du cratère, c'est en s'aidant tout d'abord des mains puis en s'affranchissant d'un dernier couloir que l'on atteindra la borne matérialisant le sommet du Portugal.

Dans le couloir à l'approche du sommet.

São Miguel

São Miguel est l'île principale de l'archipel des Açores et celle par laquelle la majorité des visiteurs découvrent cette région du Portugal perdue dans l'océan Atlantique. Volcanique à l'image de ses voisines, São Miguel laisse transparaître les signes d'une activité géothermique bien réelle.

▌ Le seul thé d'Europe

Dès votre premier contact, vous ne serez pas étonné que ce bout de terre soit qualifié d'île verte, tant cette couleur est omniprésente en toutes régions. Les plantations de thé et de tabac colonisent les espaces lorsque ce ne sont point les prairies et les forêts qui couvrent le relief. Depuis sa découverte autour de 1430 semble-t-il, la fertilité de ses sols a toujours assuré à São Miguel une certaine prospérité. Dès cette époque, on y cultive le blé et la canne à sucre, puis au fil du temps s'ajoute la culture des agrumes, du thé et du tabac. La quasi-totalité de la production d'oranges est alors exportée vers l'Angleterre. Mais les temps changent et en 1864 la première plantation d'ananas fait son apparition sur l'île. Peu à peu, ce fruit venu d'Amérique latine s'impose au détriment de l'orange et devient le fleuron de l'agriculture açorienne. Son arôme est relevé par une acidité plus marquée que celle de son voisin africain dont la taille lui est supérieure. Mais cette culture n'est pas sans poser problème. Le plus souvent, le fruit doit être cultivé sous serre pour le protéger du froid hivernal et l'été, à l'inverse, il faut lui apporter de la fraîcheur. Pour cela, des quantités importantes de mousses sont prélevées dans la nature, puis disposées dans les serres. Reste que cette pratique parfois intensive n'est pas sans risques pour l'équilibre écologique de certains secteurs de l'île.

Pays : Portugal (région autonome)
Langue : portugais
Monnaie : euro
Point culminant : pico da Vara (1 103 m)
Population : 133 900 habitants
Courant : 220 v
Décalage horaire : GMT -1
Formalités : carte d'identité pour les ressortissants français
Période recommandée : de juin à septembre
Randonnée : vaste choix d'itinéraires balisés. Sentiers généralement très bien entretenus.
Déplacements sur l'île : location de véhicule recommandée. Loueurs locaux à prix attractifs.
Hébergement : de nombreuses quintas à prix abordables
Coups de cœur : randonnées au lagoa do Fogo
En faire plus : bains de Terra Nostra Garden, fumerolles de Furnas, caldeiras Vehla
Géomorphosites et autres curiosités naturelles : fumerolles de Furnas, caldeiras Vehla
Produits locaux à ramener : les thés orange pekoe (premières feuilles), pekoe (secondes feuilles) et broken leaf
À déguster sur place : plats à base de poissons frais
OT : www.visitazores.com
À lire : *Azores, island to island* (VerAçor)

Alors que l'ananas est arrivé depuis l'autre côté de l'Atlantique, une autre plante en provenance de l'Empire du Milieu va peu après débarquer à São Miguel. Il est de coutume de raconter que deux Chinois originaires de Macao auraient introduit le thé dans cette région de la Macaronésie et appris aux locaux les subtilités de sa culture. Après une certaine prospérité, le thé a

Sur l'itinéraire du Salto do Prego.

finalement peu à peu disparu de l'île où de nos jours ne subsistent que deux exploitations. Le chá comme on l'appelle au Portugal ne pousse plus que dans les plantations de Gorreana et de Porto Formoso. Pratiquement pas exportées, les amateurs ne manqueront pas de déguster les trois variétés de thé produites ici. À l'heure actuelle, São Miguel reste la seule région d'Europe où l'on produit du thé.

Fumerolles et sources chaudes sulfurées

La silhouette de l'île rappelle celle d'un croissant dont les extrémités pointent vers le nord. À l'ouest, le volcan des Sete Cidades est couronné par une caldeira de 5 kilomètres de diamètre contenant plusieurs lacs. Cette formation géologique insolite est l'un des rares sites endoréiques d'Europe où la dernière éruption volcanique date de 1713. L'extrémité est possède le point culminant de São Miguel : le pico da Vara, s'élevant à 1 103 mètres au-dessus du niveau de l'océan. Ce lieu jouit malheureusement d'une macabre réputation. C'est ici que le 27 octobre 1949 s'écrasa l'avion qui transportait entre autres le boxeur Marcel Cerdan et la violoniste Ginette Neveu. Entre les deux extrémités de l'île, de nombreux sites méritent réellement le détour. C'est le cas

Ci-dessus
Sur les hauteurs de Povoação.

Double page suivante
Le lagoa das Furnas.

du lagoa das Furnas, de la bourgade homonyme et du lagoa do Fogo (voir p. 98). On vient à Furnas pour ses sources chaudes et sulfurées et ses fumerolles. Ici, que l'on soit victime de maux divers ou bien portant, nul ne peut résister à un bain dans les eaux ocre du Terra Nostra Garden. Discrètement situé au cœur d'une végétation luxuriante, le plan d'eau alimenté par plusieurs fontaines diffuse au petit matin une brume diaphane conférant au lieu une ambiance magique. Si l'Éden existe aux Açores, c'est incontestablement ici qu'il fut créé.

Au centre, les Lombadas restent à l'écart des grandes fréquentations et les paysages grandioses du site ont gardé toute leur beauté sauvage. Ici, on s'immerge, on se fond dans ces vallées profondes comme écrasé par le relief ambiant. Nul bruit, nulle agitation ne viennent perturber la tranquillité des lieux… Même l'anticyclone se fait parfois discret et c'est le prix à payer pour avoir le privilège d'évoluer au cœur d'une nature dont les qualificatifs élogieux n'ont d'égal que l'extrême verdoyance des paysages.

Randonnées à São Miguel

24 LE LAGOA DO CONGRO

Départ de la piste menant à l'extrémité nord du cratère. Prendre la route reliant Ponta Garça à Maia. Après avoir parcouru un peu plus de 6 km depuis le bord de mer, repérer à gauche un petit baraquement et à droite une piste prenant une direction est. Stationner son véhicule au départ de la piste ouest permettant d'atteindre le bord de la caldeira.
Dénivellation + 80 m
Horaire A/R moyen 1 h 30
Difficulté aucune
Matériel spécifique aucun
Guide non
Intérêts particuliers lac de cratère serti de végétation luxuriante

Le lagoa do Congro fait partie de ces bijoux sertis de verdure et discrètement dissimulés que l'on peut débusquer sur l'île de São Miguel. Vu des environs, rien ne laisse supposer de l'originalité du site. Le lac n'apparaît que tardivement au terme de la randonnée. Blotti au fond d'une caldeira envahie par une végétation luxuriante, il étale ses eaux jaune-verte dans une atmosphère bucolique et reposante à souhait. Alors que la magie opère, un petit fauteuil blanc au bord de l'eau semble vouloir retenir les randonneurs parmi ce lieu insolite.

▶ La belle et large piste s'engage parmi les prairies où paissent de nombreux bovins. La couleur rouge du sol tranche avec le vert des paysages et c'est tranquillement qu'elle aborde les contreforts de la caldeira. Flirtant avec la forêt, elle finit par atteindre un beau panneau métallique signalant le départ du sentier descendant vers le lac. Ce dernier plonge parmi les fougères arborescentes, cryptomerias et autres essences typiques de la région. Confortable et tranquille, il passe sous un arbre couché recouvert d'une végétation dense, véritable porche naturel. Les nombreux oiseaux présents le long du parcours et dont les chants ajoutent une pincée de sérénité ne semblent pas farouches à la vue des randonneurs. Au terme d'une descente contemplative tant le lieu semble envoûtant, le sentier atteint finalement les rives du lac. La beauté du site invite à la paresse et, lorsque l'heure du retour va sonner, il faudra se faire violence pour s'arracher du rivage. On peut toutefois ressentir un peu de frustration concernant la possibilité de mesurer toute l'originalité du site. Il conviendrait probablement de s'élever quelque peu mais la densité de la végétation est telle que cela semble assez aléatoire. Mais toute cette luxuriance ne fait-elle pas toute la beauté du secteur ?

Pour le retour, remonter le bon sentier pour regagner la piste de terre rougeâtre. Continuer sur celle-ci en ceinturant Wle cratère par le sud pour finalement rejoindre la petite route empruntée en auto pour gagner le point de départ de cette randonnée d'un peu plus de 3 km.

25 LE LAGOA DO FOGO

Départ miradouro da Lagoa do Fogo. Sur la route reliant Ribeira Grande à Santa Cruz, stationner à proximité de la dernière épingle avant le cratère (point de vue sur le lac le plus au nord).
Dénivellation + 130 m
Horaire A/R moyen 2 h 30
Difficulté aucune
Matériel spécifique aucun
Guide non
Intérêts particuliers le plus haut lac de cratère de São Miguel

Avec ses 136 ha, « le lac de Feu » est le troisième plus grand lac de l'île de São Miguel. Vestige d'une ancienne éruption volcanique du pico Queimada en 1563, il fait désormais partie des plus beaux paysages que compte cette région des Açores. Cependant, pour pouvoir jouir de ce spectacle grandiose, encore faut-il bénéficier de beau temps. Ici, entre 570 et 700 mètres d'altitude, le brouillard envahit souvent les flancs de la caldeira et il faudra donc bien choisir son jour pour descendre au cœur d'un des plus spectaculaires sites de l'île. Cette randonnée ne présente pas de difficultés particulières jusqu'aux rives du lac. Par la suite, la progression le long du rivage est intimement liée à la hauteur des eaux, qui lorsqu'elles montent, rendent temporairement tout passage impossible.

▶ Attention, vous êtes dans une réserve et tout manquement aux règles édictées pourrait s'avérer préjudiciable pour la végétation et la vie aviaire. Depuis l'aire de point de vue, s'engager sur le sentier qui plonge dans le cratère. Les lacets se négocient sans précautions particulières et la descente se déroule tranquillement. Seul le dernier tronçon peut s'avérer un peu moins facile mais une échelle de bois permet de surmonter facilement cette petite difficulté. Quand le niveau de l'eau le permet, poursuivre sur le chemin filant à l'est qui franchit successivement deux péninsules. Après un peu plus de 3 km, le sentier vient terminer sa course et de là, il faudra aux plus hardis escalader un éperon rocheux où passer par le plan d'eau.

26 LE TOUR DU LAGOA DAS FURNAS

Départ parking à l'extrémité sud-est du lac. De Furnas, prendre la route principale en direction de Ponta Delgada. Au bout du lac, se garer à gauche sur le parking en face de la voie menant aux rives du lac.
Dénivellation aucune
Horaire A/R moyen 2 h 15
Difficulté aucune
Matériel spécifique aucun
Guide non
Intérêts particuliers parcours bucolique, géothermie et découverte du *cozido*

Le lagoa das Furnas est une véritable invitation aux promenades bucoliques hors du temps. Si la petite ville de Furnas à l'allure désuète (surannée) et ses eaux thermales attirent toujours beaucoup de locaux et de touristes, il en est également de même sur le site du lac voisin. Ici, on y prépare encore de nos jours le fameux *cozido*, plat sans conteste le plus emblématique de l'île. Le repas est ainsi cuit à la vapeur volcanique dans de grands trous façonnés dans le sol. Pour goûter à ce plat très prisé par les Açoriens, il est conseillé de réserver assez tôt dans les restaurants de Furnas, temps de cuisson oblige.

Randonnées à São Miguel

La randonnée autour du lac est très variée et suivant les conditions climatiques, il est possible de se baigner dans les eaux vertes du plan d'eau. Lors de la première partie du parcours, on passe à proximité de l'église gothique abandonnée de Nossa Senhora das Vitorias. Édifiée en en 1884 d'après les plans d'un architecte français en accomplissement d'un vœu pour le rétablissement de sa femme, elle n'est plus entretenue et ses murs de basalte se couvrent peu à peu de mousse. Inséparables, les époux y reposent toujours de nos jours. À l'opposé du lac, on peut faire une halte aux mares bouillonnantes à proximité desquelles les locaux cuisent le fameux cozido.

▶ Du parking, traverser la route et s'engager sur le large chemin qui rejoint les rives du lac. Un beau chemin pavé mène à la petite église de Nossa Senhora das Vitorias puis à une belle maisonnette orange édifiée non loin du rivage. L'itinéraire poursuit sa circonvolution pour passer à proximité du Centro de Monitorização e investigação puis longer la rive ouest du plan d'eau et gagner à l'extrême nord les mares bouillonnantes côtoyant les trous à cozido. Outre les langues portugaise et anglaise, les avertissements signalant les dangers sont également rédigés en français. Nous retiendrons cette délicate attention de nos amis portugais à notre égard. Ici, tout évoque les rassemblements festifs du week-end. Du site, traverser le petit bois moussu de cryptomerias et s'engager sur la petite route menant à l'EN1 que l'on suivra en longeant les rives est du lac jusqu'au parking de départ, bouclant ainsi ce pittoresque circuit de près de 6 km.

27 LE SALTO DO PREGO

Départ Faial da Terra à l'extrême sud-est de l'île. Au nord de la petite bourgade, remonter la rue s'engageant dans la vallée jusqu'au terminus de la portion asphaltée.
Dénivellation + 250 m
Horaire A/R moyen 2 h 45
Difficulté aucune pour la première chute le Salto do Prego. Les derniers mètres pour gagner la seconde chute sont un peu malcommodes et il faut se méfier des glissades.
Matériel spécifique aucun
Guide non
Intérêts particuliers cascades, parcours sauvage et flore (il est demandé aux randonneurs de ne pas cueillir les fruits rencontrés le long du chemin)

Cette randonnée en plein cœur de la forêt remonte l'étroite vallée du rio do Faial da Terra. C'est une totale immersion dans un océan de verdure où se cachent deux cascades lovées dans cet écrin végétal. La luxuriance omniprésente confère au lieu un caractère sauvage où seuls le chant des oiseaux et parfois la mélodie de la rivière viennent troubler le silence ambiant.

▶ Le sentier débute en rive droite du cours d'eau. Bien marqué, il s'enfonce doucement dans la végétation comme happé par l'immensité verte des lieux. Bientôt un pont en rondins permet un franchissement aisé de la petite rivière. Le chemin continue sa douce ascension sous couvert pour atteindre une bifurcation. Ignorer la branche menant à Sanguinho. Le balisage jaune et rouge ne laisse aucune ambiguïté sur la direction à prendre. Parvenir à un panneau indiquant la présence du Salto do Prego à 800 m. Le parcours toujours bucolique passe sous les cryptomerias puis gagne une zone plus « aérée » ouvrant quelques perspectives sur le relief ambiant. Arriver à une nouvelle bifurcation indiquant la cascade à 300 m. De là, descendre dans l'épaisse végétation pour gagner la chute d'eau et son accueillant bassin.

▶ En faire plus (salto do Cagarrão) : revenir à la fourche précédente pour continuer sur le bon sentier en direction de la seconde cascade. Il passe à flanc (rambardes) et gagne un petit promontoire surplombant le salto do Prego. Poursuivre le bon chemin balisé qui atteint la seconde chute après avoir enjambé à plusieurs reprises le lit de la rivière à l'aide de ponts de bois. La descente vers la chute est un peu périlleuse dans les derniers mètres, notamment lorsque le sol est mouillé.
Pour le retour, revenir jusqu'à la bifurcation indiquant Sanguinho. S'engager dans cette direction pour atteindre le petit hameau restauré devenu un lieu de villégiature. La toponymie du lieu provient du nom d'une plante endémique poussant exclusivement aux Açores et à Madère. De là, emprunter la voie pavée qui par des lacets serrés permet de retrouver le fond de la vallée et de regagner le point de départ.

Au Salto do Prego.

À droite
Un trou de cozido au lagoa das Furnas.

Page précédente
Les Lombadas.

Archipel de Madère

Archipel de Madère

Pour bien aimer un pays il faut le manger, le boire et l'entendre chanter.

Michel Déon

L'archipel de Madère est surtout connu pour son île homonyme qui attire de nombreux randonneurs tout au long de l'année. Il constitue une région autonome du Portugal située au large du Maroc. Outre son île principale, il comprend l'île de Porto Santo, les trois îles Désertes ainsi que les îles Selvagens. La capitale Funchal est desservie par de nombreuses compagnies aériennes et son aéroport a longtemps été considéré comme l'un des plus dangereux au monde avant que sa piste ne soit agrandie en 2000. Ici, la vedette ne s'appelle pas Christophe Colomb, même s'il y séjourna et y épousa Felipa Moniz Perestrello, ou encore Sissi, mais plutôt un sportif que l'on décrit généralement comme étant assez habile de ses pieds, à savoir un certain Cristiano Ronaldo… L'archipel, d'origine volcanique, constitue une

Double page précédente
L'île de Madère vue depuis la pointe de São Lourenço.

Ci-dessous
Depuis le Cabo Girao, skywalk dominant l'océan de près de 600 mètres.

écorégion du WWF répondant à l'appellation « forêts sempervirentes de Madère ». Cette dernière appartient au macroécosystème – ou biome – des forêts de feuillus et forêt mixtes tempérées de l'écozone paléarctique composant un groupe de huit régions biogéographiques terrestres. L'essence emblématique de la région est le laurier dont les forêts – dites de lauracées – sont classées au patrimoine mondial de l'Unesco depuis 1999. Cette distinction résulte des actions conjointes de sauvegarde et de revalorisation d'un patrimoine phytogéographique remarquable qui jadis recouvrait la quasi-totalité de l'île de Madère.

Sa sœur voisine, l'île de Porto Santo est réputée quant à elle pour son immense plage de sable blanc qui s'étire sur 9 kilomètres de long. Elle aussi est dotée d'un aéroport ne la séparant de Madère que d'un saut de puce. Ici, l'heure est plutôt à la détente, à la baignade et à la promenade à bicyclette, laissant définitivement l'apanage de la randonnée spectaculaire à sa grande sœur.

Madère

Très longtemps associée à la gastronomie et à l'œnologie, Madère est devenu depuis quelques décennies un paradis pour les randonneurs et les passionnés de nature.

▍Paradis des randonneurs

Cet énorme rocher surgi parmi les eaux de l'océan Atlantique attire de plus en plus de touristes tout au long de l'année. Toutefois, même si le climat subtropical océanique et ses hivers doux laissent augurer des conditions favorables pour la randonnée tout au long de l'année, il faut savoir

Pays : Portugal
Langue : portugais. L'anglais est largement répandu.
Monnaie : euro
Capitale : Funchal
Point culminant : pico Ruivo (1 862 m)
Courant : 220 v
Décalage horaire : GMT +2/+1
Formalités : carte d'identité pour les ressortissants français
Période recommandée : toutes saisons, sachant qu'en hiver les pluies sont plus fréquentes et la neige parfois présente sur les hauteurs du centre de l'île.
Randonnée : sentiers très bien entretenus et excellent balisage
Déplacements sur l'île : location de véhicule recommandée
Coups de cœur : la traversée royale des Picos
En faire plus : visiter le Cabo Girao, le plus haut belvédère vitré d'Europe, près de 600 m au-dessus du vide. Descente en panier depuis Monte et visite des jardins botaniques de cette même bourgade.
Géomorphosites et autres curiosités naturelles : arches naturelles de Prainha et Porto Moniz. Orgues basaltiques de Faial. Pinaculo do Bica da Cana.
Produits locaux à ramener : vin, gâteau au miel
À déguster sur place : *espetada, caldo verde*
OT : www.visitmadeira.pt

Dans la traversée des Picos.

que les hivers sont relativement arrosés. On préférera donc y séjourner au printemps ou à l'automne. Concernant l'été, bien que le climat soit agréable, c'est la surfréquentation qui peut s'avérer rédhibitoire.

En fait, une idée largement véhiculée veut que l'on associe l'archipel de Madère à la seule île principale de cet ensemble qui en comporte huit. Si les quatre tiers d'entre elles sont inhabitées et n'ont qu'un intérêt écologique, tout comme Madère, l'île de Porto Santo est quant à elle très fréquentée, principalement l'été où elle « met à disposition » de ses visiteurs une extraordinaire plage de sable blond de près de 9 kilomètres de long. Émergeant des eaux il y 15 millions d'années et d'origine volcanique, cette île fut découverte en 1418 et habitée par Christophe Colomb. Cependant, maintes fois pillée au cours des siècles et souffrant d'un climat aride, elle n'a jamais exercé le pouvoir attractif de sa grande sœur.

Les levadas

Comme les autres îles portugaises de Macaronésie, Madère est d'origine volcanique et son relief austère et ses plages peu avenantes n'attirent guère les touristes en quête de farniente. Ici, on vient avant tout pour randonner et parcourir l'extraordinaire réseau de canaux d'irrigation suspendus que l'on appelle communément levadas. Ces itinéraires insolites sont une des marques principales de fabrique de l'île principale. Immédiatement, lorsque l'on dit « levada », le randonneur pense Madère tout comme le gastronome épicurien pense vignoble. L'édification des premiers conduits remonte au XVe siècle et de nos jours, le réseau s'étend sur plus de 2000 kilomètres, destiné à l'irrigation des cultures. La construction des levadas a coûté la vie à bon nombre d'ouvriers qui travaillaient souvent à flanc de paroi dans des conditions de sécurité inenvisageables aujourd'hui dans les sociétés occidentales. Certains itinéraires sont véritablement vertigineux mais leur déclivité est généralement peu significative. La relative étroitesse des constructions permet néanmoins de jouir d'un minimum d'aisance lors de la progression et certaines portions exposées sont sécurisées, facilitant de manière significative les croisements.

La laurissilva

Évoquer Madère, c'est aussi faire référence à un parc floral exceptionnel et à une richesse végétale classée au patrimoine mondial de l'Unesco. L'île aux fleurs comme il est également coutume de l'appeler protège jalousement ses forêts de lauracées rescapées des coupes abusives dont elles furent victimes au cours des siècles. Ces écosystèmes s'étendent dans la zone nuageuse faisant parfois figure de jungle presque intacte. Les nombreuses fougères et mousses jouxtant les lauriers couverts de lichens donnent alors au paysage un côté authentique, voire une ambiance façon *Jurassic Park*. Autrefois, la laurissilva comme la nomment les autochtones couvrait une grande partie de l'île. Aujourd'hui, elle ne subsiste que sur un huitième du territoire. Au nord, un nuage de brouillard envahit quotidiennement les hauts de Madère au-dessus de 500 mètres d'altitude et dans cette zone, la forêt de lauriers est particulièrement luxuriante et riche en essences. Cependant, cet écosystème ne supporte pas le gel et c'est pour cette raison que la laurissilva ne s'étend pas au-delà de 1 300 mètres d'altitude. Les gelées nocturnes et la neige ne sont pas rares sur les hauteurs. Actuellement, la forêt de lauriers

Impressionnant escalier surplombant de vertigineux à-pics.

Madère

n'existe plus en dehors de Madère que sur les îles des Canaries et des Açores. L'exploitation de cette formation végétale est de nos jours interdite et la chasse du pigeon trocaz qui participe à la dissémination des graines est également prohibée. Tout concourt donc à la régénération progressive de cette forêt climacique. Les randonnées au départ de Ribeiro Frio et de Rabaçal offrent l'opportunité de traverser la laurissilva madérienne (voir p. 118).

Une flore exceptionnelle

À l'intérieur de l'île, le paysage devient plus austère et rude. Les tourbières et les bruyères colonisent les espaces et les plantes basses au caractère alpin s'agrippent avec ingéniosité aux parois abruptes des Picos. Par endroits, les

DE LA LUGE SOUS LES PALMIERS

Une envie de dévaler les raides pentes de Monte au-dessus de Funchal en luge ? Rassurez-vous, il ne s'agit pas du loisir pratiqué en hiver dans les régions montagneuses. Si à Funchal on ne trouve pas de neige, on rencontre cependant de petites voitures-paniers en osier montées sur des patins de bois aux allures de luge. Toutes identiques, elles se composent de banquettes d'eucalyptus recouvertes de tissu coloré. Pour assurer la glisse, deux patins enduits de produit savonneux facilitent la descente dans les ruelles de la ville. Pour conduire le bolide, deux *carreiros* guident ce dernier à l'aide de cordes. Ces pilotes exercent leur profession suivant les strictes règles de la descendance. On ne s'improvise pas « chauffeur de voiture-panier ». Aujourd'hui, quelque 150 hommes jouissent fièrement de ce privilège.

Chaque jour, c'est un ballet ininterrompu de luges au départ de l'église de Monte (où se tient d'ailleurs le siège du syndicat des *carreiros*) qui prennent le départ pour une descente pittoresque. Les touristes s'en remettent alors à leurs pilotes – tous vêtus de blanc et coiffés d'un canotier – qui vont assurer leur sécurité durant le parcours. Attention, lorsque le revêtement est pavé, l'embarcation a tendance à s'emballer... accrochez-vous...

L'église de Ribera Brava.

landes à sphaignes ne sont pas sans rappeler les paysages d'Écosse. En hiver, la différence entre la température du jour et de celle de la nuit peut atteindre une vingtaine de degrés. On comprend alors toute la difficulté que peuvent rencontrer les plantes pour subsister dans de telles conditions. Aussi trouve-t-on des espèces poussant dans les régions montagneuses d'Europe à l'instar des Alpes. Certaines d'entre elles, comme la joubarbe, colonisent les parois rocheuses d'altitude. Toutes ces plantes sont observables lors de la traversée panoramique des Picos (voir p. 119).

Les bords de levadas sont un véritable enchantement lors de la floraison. On y trouve un ensemble hétéroclite de plantes les plus diverses, qu'elles soient d'origine exotique où véritablement tropicale. Les chemins longeant les levadas et les levadas elles-mêmes sont très appréciés des randonneurs qui découvrent ici une flore riche et variée. Parmi cette dernière, on y trouve certaines plantes de jardin redevenues sauvages. Les levadas les plus empruntées et administrées par l'office des forêts sont souvent bordées d'agapanthes et d'hortensias qui contribuent à fixer le sol. Le long des levadas d'altitude, il n'est pas rare de rencontrer des essences comme le pin, l'eucalyptus ou encore l'acacia qui colonisent également les sites qui n'ont pu être exploités par l'homme. Ces régions sont ainsi devenues le refuge d'une végétation naturelle d'une haute importance écologique.

Près du rivage, la végétation se fait bien moins exubérante et même rare comme à la pointe Saint-Laurent où l'aridité des lieux contraste fortement avec la verdure des laurisylves. On y trouve notamment la ficoïde glaciale, plante dont il sera question dans la description de la randonnée parcourant ce secteur incontournable de l'île.

Sur plus de 750 espèces de plantes sauvages que comporte l'île, 143 sont endémiques dont l'emblématique vipérine de Madère, magistrale plante aux fleurs de couleur violette. C'est probablement la plus séduisante des espèces locales. On la retrouve dans la zone de forêt au-dessus de 800 mètres d'altitude ou encore le long de l'aérien parcours reliant le pico Arieiro au pico Ruivo (voir p. 119).

Comme cela vient d'être évoqué, un nombre exceptionnel de plantes de toutes régions pousse sur ce bout de caillou comme si rien ne pouvait entraver leur croissance. Quelle que soit sa destination, le randonneur se retrouve toujours entouré d'une cohorte de plantes en tous genres. Ce patrimoine végétal exceptionnel est également mis en valeur dans plusieurs parcs naturels et jardins botaniques dont le Monte Palace tropical Garden accroché au relief au-dessus de Funchal. Séquoia et eucalyptus gigantesques côtoient d'impressionnantes fougères arborescentes et une collection hors norme de plantes diverses et variées.

Si la flore est d'une richesse exceptionnelle, la faune paraît bien pauvre. Hormis les lézards parfois peu farouches, peu d'animaux ont pris leurs quartiers sur Madère. Les herpétologues devront choisir une autre destination pour assouvir leur passion, tout comme les entomologistes. En revanche, les ornithologues trouveront probablement matière à l'étude des nombreux volatiles qui peuplent l'archipel. Aux îles Désertes, une petite population de phoques moines tente de survivre. Ce mammifère menacé peuplait autrefois l'île principale avant sa disparition totale.

À droite
Passage de l'Estreito sur la pointe de São Lourenço.

Double page suivante
Les falaises nord-est aux environs de la petite bourgade de Faial.

Ci-dessus
Sur l'itinéraire de Folhadal.

À gauche
Dans les environs de Bica da Cana.

■ **Intrépides bâtisseurs madériens**

Dans le domaine de l'agriculture comme tout ce qui concerne les voies d'accès, les Madériens ont souvent fait preuve de caractère et d'ingéniosité, repoussant toujours les limites du réalisable comme évoqué précédemment à propos des levadas. Les cultures colonisent des sites improbables par leur configuration à flanc de falaises ou encore des recoins montagneux quasiment inaccessibles. Les routes sont parfois accrochées comme par miracle aux parois, dominant d'abyssaux à-pics. Certaines d'entre elles jugées trop dangereuses sont laissées au libre arbitre des utilisateurs et quelques assurances refusent même de prendre en charge les dédommagements en cas d'accidents (généralement des éboulements). Enfin, on découvre parfois avec effroi l'utilisation de transport de passagers par câble dans des secteurs une fois encore très vertigineux. C'est le cas entre autres du téléphérique de Palatorio à proximité de Santana. Pour les moins téméraires, il reste la traditionnelle descente en panier-luge depuis Monte ou la visite du plus grand *skywalk* d'Europe au Cabo Girão d'où l'on surplombe l'océan sur une plateforme de verre à 580 mètres au-dessus du niveau des eaux... sensations garanties...

Randonnées à Madère

28 LES 25 SOURCES

Coordonnées 32°46'59.27"N 17°8'19.91"W
Départ Rabaçal (1 278 m). De Funchal, gagner Ribeira Brava puis le col d'Encumeada. De là, traverser le plateau de Paul da Serra pour atteindre Rabaçal où se situe un grand parking en contrebas de la route.
Dénivellation + 318 m
Horaire A/R approximatif 3 h 15 pour 9 km
Difficulté quelques portions exposées
Matériel spécifique aucun
Guide non
Intérêt particulier de par sa beauté, un incontournable de l'île.

Le long de la levada menant aux 25 Sources.

La randonnée le long de la levada das Vinte e Cinco Fontes est l'une des plus réputées de l'île. L'eau qui s'écoule dans le canal est destinée à alimenter la centrale hydroélectrique de Calheta. Le secret de la beauté des paysages n'est malheureusement pas jalousement gardé, cette balade faisant partie des plus populaires de Madère.

➤ Du parking, suivre la route asphaltée qui mène à la maison forestière. Cette route est interdite à la circulation. Un service de navettes assure la liaison (5 euros en 2013), mais beaucoup de randonneurs préfèrent marcher. Parvenu à l'édifice, s'engager sur le sentier empierré (balisage PR 6) en descente qui rejoint la levada do Risco. Nous voilà immergés dans la laurissilva, formation végétale primaire inscrite au patrimoine mondial de l'Unesco. Quelques escaliers permettent d'atteindre la levada das 25 Fontes. Il suffit alors de suivre le canal qui mène sans ambiguïté jusqu'au cirque où s'écoulent les nombreuses petites cascades en prenant des précautions lors de quelques passages exposés non sécurisés demandant un pied sûr.

À noter que l'on peut profiter de l'occasion pour visiter la cascada do Risco, « la cascade du risque » comme l'ont baptisé les ouvriers qui parfois au péril de leur vie ont œuvré à la construction de la levada homonyme de 1837 à 1855. Pour cela, de l'embranchement sous la maison forestière, suivre l'itinéraire « PR 6.1 Risco » qui par un confortable chemin mène à la chute d'eau.

29 LES BASSINS DE RIBEIRA GRANDE

Départ Rabaçal (1 278 m). De Funchal, gagner Ribeira Brava puis le col d'Encumeada. De là, traverser le plateau de Paul da Serra pour atteindre Rabaçal où se situe un grand parking en contrebas de la route.
Dénivellation non significative
Horaire A/R environ 2 h
Difficulté aucune
Matériel spécifique aucun
Guide non
Intérêt particulier bassins, cascades et activité piscicole

Cette randonnée remonte le long d'une levada où nagent de nombreuses truites, ce qui rend la progression assez divertissante et insolite. À l'arrivée, un beau bassin au pied d'une cascade que l'on domine offre de belles perspectives sur les eaux en contrebas où s'ébattent de nombreux salmonidés.

➤ Du parking, emprunter d'abord la route asphaltée menant au Posto florestal do Rabaçal. Rapidement, ne pas manquer le sentier qui s'engage à droite pour conduire jusqu'à la levada que l'on va suivre à contre-courant. Atteindre un bassin où nagent de nombreuses truites. La promenade se poursuit tranquillement le long de la levada pour gagner une petite chute que l'on remonte par un escalier assez raide. Continuer sans ambiguïté le long du canal pour parvenir sur le site où se succèdent plusieurs cascades.

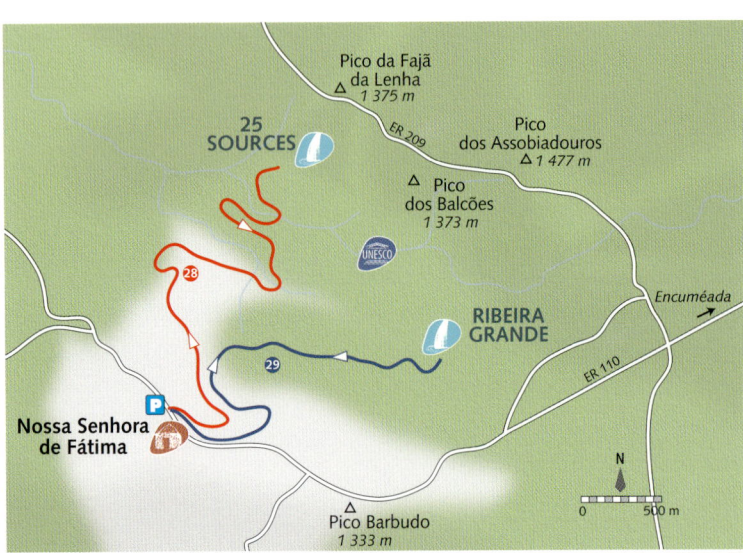

30 CALDEIRÃO VERDE

Coordonnées 32°47'4.53"N 16°54'27.2"W
Départ parque das Queimadas (883 m). De Santana, suivre les panneaux indicateurs pour atteindre par une route étroite sur la fin du parcours la Casa das Queimadas (parking).
Dénivellation non significative
Horaire A/R approximatif 3 h
Difficulté passages parfois étroits mais sécurisés au-dessus des à-pics
Matériel spécifique maillot de bain pour les plus téméraires
Guide non
Intérêt particulier parcours spectaculaire conduisant à un superbe écrin de verdure

Cette randonnée fait partie des plus beaux parcours de levada que recèle Madère. Après un départ sur une piste large et confortable, le cheminement devient bien plus étroit et aérien. Il emprunte une levada construite la plupart du temps à flanc de falaise. Au terme de la progression, l'émerveillement est au rendez-vous lorsque se dévoile enfin une superbe cascade jaillissant au milieu de la verdure dans le pittoresque cirque vert où est lové un bassin dont les eaux fraîches refroidissent souvent les ardeurs des baigneurs les plus téméraires.

➤ Le chemin débute à Queimadas. Les charmantes petites bâtisses aux toits de chaume ajoutent un charme indéniable à l'endroit. Une pancarte indique sans ambiguïté la direction à suivre. D'abord confortable le sentier se faufile tranquillement sous couvert. D'impressionnants résineux aux troncs imposants se dressent fièrement en bordure du chemin. Certains arborent un port insolite en candélabre. Bientôt l'ambiance bucolique fait place à une ambiance plus aérienne lorsqu'il faut évoluer sur e bord de la levada do Caldeirão Verde. Durant la progression nos

Sur l'itinéraire de la Caldeirão Verde.

pas côtoient le vide, mais les mains courantes rassurent les moins aguerris. Les croisements sont cependant parfois délicats. La levada emprunte ensuite un petit pont qui franchit une modeste gorge où s'écoule un torrent. Puis viennent quelques passages vertigineux qui demandent un minimum d'attention malgré la présence fréquente de câbles. Le sentier passe dans une petite faille puis parvient à une belle cascade. Lui fait suite un nouveau pont. On trouve ensuite un panneau indiquant que nous venons de parcourir 4,5 km et qu'il en reste 2 pour atteindre le Cirque Vert. Le chemin finit par déboucher dans une gorge encaissée qu'il faut remonter pour gagner le fond du cirque et la superbe cascade (panneau indiquant la Caldeirão Verde à 100 m).

31 LA TRAVERSÉE ROYALE DES PICOS (PICO ARIEIRO ET PICO RUIVO)

Coordonnées 32°45'31.93"N 16°56'33.083"W
Départ pico do Arieiro (1 818 m). De Funchal, prendre la ER103 jusqu'à Poiso. S'engager à gauche sur la ER202 pour atteindre le pico do Arieiro (terminus – parking).
Dénivellation + 800 m
Horaire A/R approximatif 5 h
Difficulté parcours aérien
Matériel spécifique lampe frontale pour le passage des tunnels
Guide non
Intérêt particulier parcours spectaculaire et aérien

Il n'y a pas sur l'île de Madère de randonnées plus spectaculaires que celle reliant les pico Arieiro et pico Ruivo. Tout au long du parcours, s'ouvrent de spectaculaires perspectives sur les cimes acérées qui se dressent au-dessus de vertigineux ravins. L'omniprésence du vide sur une grande partie de l'itinéraire pimente un peu plus cette randonnée hors norme.

➤ Le chemin débute à proximité de la station où se dresse l'imposant radôme. Suivre la voie pavée qui mène en 15 mn au Miradouro

Randonnées à Madère

Dans la traversée des Picos.

Un passage étroit le long de la levada.

Ninho da Manta (Nid de la Buse). Première étape, premières sensations où une simple barrière de bois sépare le randonneur d'un vide abyssal. De là, une courte montée permet d'atteindre une pointe rocheuse d'où un raide escalier plonge à flanc de falaise vers une petite zone de repos (bancs). Le chemin toujours aussi spectaculaire se poursuit le long de vertigineuses parois pour parvenir au tunnel du pico do Gato. Peu après la sortie, deux possibilités s'offrent au randonneur. Si les deux sentiers sont ouverts (il arrive que l'un d'eux soit fermé), on peut opter pour un circuit en sachant toutefois que le passage par les tunnels (gauche) est un peu moins long. Quelle que soit l'option choisie, les deux chemins se rejoignent et poursuivent leur parcours grandiose pour gagner le refuge du pico Ruivo après avoir retrouvé l'itinéraire provenant d'Achada do Teixeira. La belle et conviviale bâtisse de pierre jouit d'une vaste terrasse où il est possible de s'approvisionner en eau. De là, par un bon chemin, atteindre le point culminant de l'île (1 862 m). Le panorama est grandiose et son étendue n'a d'égal que l'émotion suscitée par cette randonnée.

Le retour se fait par le même chemin, sachant qu'à la bifurcation du pico das Torres chacun choisira l'option qui lui convient le mieux.

32 LA TRAVERSÉE DE RIBEIRO FRIO VERS PORTELA

Départ Ribeiro Frio (860 m). De Funchal, prendre l'ER103 pour gagner Poiso puis Ribeiro Frio (parking le long de la route). Attention, de nombreux véhicules (dont les bus) font une halte aux boutiques et bars du site et rendent parfois le stationnement problématique.
Dénivellation + 260 m
Horaire A/R entre 5 h 30 et 6 h 30
Difficulté longueur de l'itinéraire
Matériel spécifique aucun
Guide non
Intérêt particulier parcours spectaculaire et varié

C'est LA randonnée de levada par excellence. Portions larges et bucoliques, encorbellements, tunnels et passages aériens se succèdent tout au long d'un parcours d'une vingtaine de kilomètres en aller-retour. Cette balade demande une bonne condition physique d'autant plus que la dénivellation positive s'effectue au retour. Prévoir de nombreux croisements car bon nombre de voyagistes proposent cette excursion.

▶ Depuis le restaurant, s'engager sur le PR 10 pour traverser le pont enjambant la rivière Froide. Suivre un large chemin en rive droite du torrent pour rejoindre la levada do Furado. Tranquille et bucolique le sentier s'enfonce lentement dans la végétation. De petites cascades sur la gauche alimentent la levada au fil de la progression. Peu à peu, le cheminement devient de plus en plus spectaculaire. La levada parfois en encorbellement côtoie le vide tout en traversant de petits tunnels. C'est au terme de ce parcours magnifique que l'on atteint la Casa de Agua dos Lamaceiros. Peu après le château d'eau, gagner une bifurcation pour prendre le large chemin menant à Portela. Plus loin, le posto Florestal offre un espace aménagé permettant de faire une halte détente. De là, poursuivre la descente tout en suivant les panneaux indicateurs. Rejoindre l'ER102.

33 LES CASCADES DE LA LEVADA DO NORTE

Départ Boca da Encumeada (1 010 m). De Funchal, gagner Ribeira Brava puis le col d'Encumeada (parking à proximité des commerces).
Dénivellation non significative
Horaire A/R environ 1 h 45
Difficulté aucune
Matériel spécifique lampe frontale pour la traversée d'un long tunnel
Guide non
Intérêt particulier cascade et flore variée et abondante

Cette randonnée est une véritable symphonie florale. Tout au long de ce parcours de levada, de nombreuses plantes à fleur tapissent le sol et égaillent en permanence les paysages. La traversée d'un tunnel de plus de 600 m de long ajoute une touche ludique à cet itinéraire propice à la contemplation.

Randonnées à Madère

➤ Du col d'Encumeada, s'engager sur le sentier de la levada do Norte (PR 17). Suivre sans ambiguïté le canal tout en jouissant d'une vue magnifique sur le pico Grande qui dévoile son imposante silhouette. Atteindre un tunnel relativement long où il faudra tirer la lampe frontale du sac (panneau Caramujo PR 17). Après un début plutôt étroit (attention au sac à dos), le passage devient plus confortable et la progression se fait sans problème à l'exception peut-être des éventuels croisements. À la sortie du boyau, la levada continue parmi une végétation luxuriante. Après avoir passé un dernier petit tunnel, le canal atteint une magnifique cascade que l'on rejoindra à gauche en louvoyant parmi les blocs rocheux.

34 LE PONTA DO SÃO LOURENÇO

Coordonnées 32°44'22.54"N 16°40'52.39"W
Départ rond-point de Baia d'Abra (77 m). Depuis Funchal, prendre la voie rapide en direction de Machico puis la E109 jusqu'au rond-point, terminus de la route (parking).
Dénivellation cumulée environ + 320 m suivant les éventuelles digressions
Horaire A/R environ 3 h pour 9 km
Difficulté le passage de l'étroiture peut impressionner
Matériel spécifique maillot de bain pour d'éventuelles baignades
Guide non
Intérêt particulier site insolite de par sa géomorphologie et sa riche biodiversité

Si vous avez commencé la visite de Madère par l'exploration des levadas, la randonnée menant à la pointe de Saint-Laurent vous permettra de découvrir un tout autre aspect de l'île aux fleurs. Vieille de 5 millions d'années, la presqu'île devenue réserve naturelle est la vitrine d'une exceptionnelle biodiversité ne comptant pas moins de 200 espèces dont de nombreuses sont endémiques à l'instar de la ficoïde glaciale. Cette plante qui ne dépasse guère 20 cm ne pousse pas au-dessus de 200 m d'altitude, aussi la rencontre-t-on dans les zones sèches et sablonneuses comme à São Lourenço. Cette espèce qui supporte une forte salinité est dotée de feuilles charnues semblant être couverte de cristaux de glace

L'extrémité est de la ponta de São Lourenço.

d'où son appellation. Il s'agit en fait de petites bulles renfermant une substance aqueuse. On rencontre également cette plante sur les îles de Fuerteventura et Lanzarote. Autrefois, elle était cultivée afin d'être ensuite brûlée pour fournir la soude nécessaire à la fabrication du savon. Malheureusement, la production de savon de manière artisanale est devenue comme pour beaucoup d'autres produits relativement confidentielle.

➤ Du rond-point, s'engager sur le PR 8. Après une courte descente, le chemin composé de madriers et caillebotis poursuit vers le nord. Au loin, on peut apercevoir l'esthétique Morro do Furado, immanquable promontoire percé. Le long du parcours, de nombreux points de vue permettent d'effectuer des haltes afin d'admirer les diverses strates de couleurs variées qui composent les falaises abruptes environnantes. Ocre, brunes ou encore grises, elles sont le témoignage des accumulations de cendre produites par l'ancien volcan. L'arrivée à l'isthme est saisissante. L'*Estreito* comme on le nomme ici ne fait que quelques dizaines de mètres de large. De chaque côté, d'imposants à-pics plongent de plus de 100 m dans les eaux bleutées de l'océan. Vertigineux mais sécurisé, c'est le passage le plus impressionnant du parcours (attention par jour de grand vent). Passé cette esthétique étroiture, le sentier continue pour atteindre la Casa do Sardinha, la seule construction du secteur. Ne comptez pas trouver de l'eau à cette bâtisse entourée de palmiers. Les gardes vous expliqueront qu'ici l'eau est bien trop précieuse et rare pour être dispensée. De là, par un dernier effort, gagner par une pente raide et sécurisée le sommet du Morro do Furado où un panorama spectaculaire attend ceux qui auront poursuivi jusqu'à ce terminus. Bien qu'il semble possible de continuer vers le sud-est, la randonnée s'arrête ici. Il s'agit bien d'une île qui émerge à quelques encablures de là… Le retour se fait par le même itinéraire à quelques digressions près, notamment aux alentours de la Casa do Sardinha.

Archipel des Canaries

Archipel des Canaries

Les grands voyages ont ceci de merveilleux que leur enchantement commence avant le départ même. On ouvre les atlas, on rêve sur les cartes. On répète les noms magnifiques des villes inconnues…

Joseph Kessel

L'archipel des Canaries se présente sous la forme d'un chapelet de sept îles dont le seul point commun est leur origine volcanique. Chaque île est un micropays à part entière, fort de paradoxes laissant parfois dubitatifs. Ici, le traditionnel côtoie le moderne, et le tourisme de masse décrié par certains induit de fait l'émergence d'un tourisme raisonné et bien plus respectueux de l'environnement. Les îles attirent principalement pour leur climat clément et doux. Si les paysages sont variés, le climat ne présente guère de sautes d'humeur. Plus que sur les autres îles espagnoles des Baléares, la variété et l'originalité des paysages apparaissent comme un complément idéal à un tourisme généralement basé sur les plaisirs balnéaires. Avant leur départ, de plus en plus de

Double page précédente
La côte nord-est de Lanzarote..

Ci-dessous
Dans le Parc naturel de Corralejo.

visiteurs glissent leurs chaussures de marche dans leurs bagages juste à côté des maillots de bain et certains même n'hésitent pas à visiter plusieurs îles durant leur séjour tant ces dernières offrent des paysages variés.

Les Canaries pourraient faire l'objet d'un ouvrage à part entière et le choix de présenter ici Fuerteventura et Lanzarote est l'aboutissement d'une longue réflexion. Le caractère très « africain » de ces deux îles confère à ces destinations une ambiance très exotique et dépaysante que l'on ne retrouvera aucunement sur les autres archipels présentés au fil de l'ouvrage. Du point de vue de la biodiversité, si l'on rencontre certaines espèces présentes sur les autres îles des Canaries, à Madère ou encore aux Açores, ce n'est pas le cas en ce qui concerne Fuerteventura et Lanzarote. Ici, point de forêts, point de pelouses, mais un goût très prononcé d'Atlas marocain comme à Fuerteventura. Quant à Lanzarote, on se prend à rêver que, engoncé dans l'équipement de Neil Armstrong, on s'apprête à fouler le sol lunaire, tant les paysages minéraux et insolites nous incitent à voyager très loin…

Fuerteventura

Le vent souffle fort et submerge d'une vague chaude l'immense étendue sablonneuse qui s'étire à perte de vue. Le sable blanc se pose de-ci de-là puis reprend instantanément sa course folle dans les airs. Le sol minéral se ride au gré des courants laissant apparaître parfois d'étranges petites cavités fossilisées creusées par les anthophores (abeilles). Ici, les paysages arides et brûlés ne laissent que peu d'espoir à la végétation pour coloniser cette région des Canaries. Non, nous ne sommes pas en Afrique mais bien sûr une île espagnole de l'océan Atlantique.

Petit Sahara européen

Le nord de Fuerteventura accueille le Parc naturel des dunes de Corralejo, petit Sahara qui s'étend sur 2 kilomètres de large et une dizaine de kilomètres de long. Dans cette région, le littoral est façonné par de nombreuses dunes qui laissent place à l'intérieur des terres à une vaste plaine de sable clair où le vent a modelé de délicates draperies minérales. Au-delà, caldeiras et cratères égueulés reprennent leurs droits dans ce petit coin de paradis pour géologues et autres volcanologues.

Fuerteventura est longue d'une centaine de kilomètres, distance qui la sépare approximativement du Maroc et affiche de fait un caractère profondément africain. La majeure partie des paysages présente un profil très aride, voire désertique, non sans rappeler les vastes étendues de l'Atlas marocain. La végétation peine à se développer et seuls les palmiers, les agaves et l'aloès des Barbades (l'*Aloe vera*), omniprésent, semblent apprécier un climat bénéficiant de 3 000 heures de soleil par an. Même au sud où domine le point culminant de l'île (pico de la Zarza, 812 m), le relief n'atteint pas une altitude suffisante pour retenir les nuages véhiculés par les alizés. Les variations climatiques sont donc peu significatives et les notions de versant au vent et versant sous le vent sans fondement.

Le palmier dattier est l'arbre le plus répandu et sa présence indique l'existence d'une nappe phréatique voisine. Malheureusement ses fruits ne sont pas comestibles et ce sont ses feuilles qui sont utilisées pour la production de nasses et de moules

Pays: Espagne
Langue: espagnol
Monnaie: euro
Capitale: Puerto del Rosario
Point culminant: pico de la Zarza (812 m)
Courant: 220 v
Décalage horaire: – 1 h
Formalités: carte d'identité pour les ressortissants français
Période recommandée: de juin à septembre
Randonnée: vaste choix d'itinéraires balisés. Sentiers généralement très bien entretenus.
Déplacements sur l'île: location de véhicule recommandée. Loueurs locaux à prix attractifs.
Coups de cœur: ascension du pico de la Zarza
En faire plus: coucher de soleil aux dunes de Corralejo
Géomorphosites et autres curiosités naturelles: arco de Jurado, montaña de Tindaya, dunes de Corralejo
Produits locaux à ramener: fromages de chèvre, produits à base d'*Aloe vera*
À déguster sur place: fromages de chèvre.
OT: www.turismodecanarias.com
À lire: *Fuerteventura*, Raimundo Rodriguez i Rafael Paredes (RAI Ediciones)

En montant à la montaña de Tindaya.

à fromage. Une autre plante est familière des visiteurs, il s'agit de l'agave, cette plante importée d'Amérique pour la fabrication des cordages. Délaissée de nos jours, elle lutte toujours dans les espaces désertiques afin d'assurer sa survie en faisant éclore dans un dernier élan une gigantesque fleur au terme de quinze années de combat contre la sécheresse.

L'Aloe vera

Bien que les deux plantes puissent présenter certaines similitudes pour le néophyte, l'aloès des Barbades ne peut véritablement s'apparenter à l'agave. Sur Fuerteventura, l'aloès des Barbades est utilisé à toutes les sauces si l'on peut s'exprimer ainsi. Ses pouvoirs curatif et préventif associés à son utilisation dans le domaine de la cosmétique font de cette essence la plante reine de l'île. D'immenses champs tapissent les versants arides des collines où leurs longues feuilles vertes ajoutent une touche végétale aux paysages. On trouvera donc aisément toutes sortes de produits à base de pulpe. Traitement des brûlures, cicatrisation et lutte contre le vieillissement sont les principales indications dans le domaine de la cosmétique. Les gastronomes curieux pourront goûter aux yogourts à l'*Aloe vera* très prisés dans certains pays d'Europe.

Paysages volcaniques et patrimoine aquatique

Sur l'île, quiconque aura profité des bienfaits de l'aloès verra tout autour de lui une multitude de petits cratères volcaniques parfois aux courbes élégantes et parfaites, parfois égueulés. De nombreux petits cônes rouges émergent des paysages comme autant d'exutoires dans une région du monde où les entrailles de la terre demeurent

Depuis le sommet du pico de la Zarza, 600 mètres de falaises dominent l'océan.

Fuerteventura

sous pression. Même si l'on ne peut pas parler de volcanisme récent, les stigmates d'une activité, fut-elle très ancienne, ne peuvent visuellement échapper aux visiteurs. La géologie de l'île est plutôt insolite. Dans les Canaries, il n'y a qu'ici que les roches cristallines ont été retrouvées en contact direct avec d'autres roches et que, sous l'action du métamorphisme, elles forment des massifs postérieurs aux laves anciennes. C'est ainsi que l'on découvre des roches grenues intrusives qui ont vraisemblablement le même âge que certaines laves épanchées récentes, comme c'est le cas à Tindaya (voir p. 136). Si l'île est un lieu privilégié pour l'observation des zones volcaniques, elle possède également un registre varié de fossiles mondialement reconnus et près de 50 gisements paléontologiques d'intérêt majeur. Si la variété géomorphologique des paysages de Fuerteventura est remarquable, la richesse de l'espace marin qui la ceinture n'est pas en reste. Depuis 2009, ce dernier a obtenu le statut de réserve de la biosphère décerné par l'Unesco et se trouve donc soumis à une réglementation et une protection très stricte à l'encontre d'éventuelles dégradations liées à une urbanisation parasite. C'est ici que l'on trouve le plus riche environnement marin des îles Canaries*.

L'Africaine

Si sur le littoral, l'eau et l'ensemble de l'écosystème marin représentent une richesse indéniable, c'est aussi le cas à l'intérieur des terres mais pour d'autres raisons. Comme évoqué précédemment, Fuerteventura ne possède pas de reliefs assez élevés pour arrêter les nuages

---

* Les réserves de la biosphère, ou sites d'apprentissage pour le développement durable, sont désignées par les gouvernements nationaux puis reconnus par l'Unesco dans le cadre de son programme sur l'Homme et la biosphère. Son but est de promouvoir un développement durable basé sur les efforts conjoints des communautés locales et du monde scientifique. Cela se traduit par une mixité conciliant conservation de la diversité naturelle et culturelle et développement économique et social. Des approches novatrices dans le domaine du développement durable sont alors mises en application pour améliorer la gestion combinée des ressources naturelles et des activités humaines. Elles permettent de tester des approches novatrices de développement durable du niveau local au niveau international. De nos jours, on dénombre plus de 620 réserves réparties dans 117 pays.

Ci-dessus
Pajara.

À droite
Dromadaires vers las Casas de las Salinas.

Double page suivante
Les derniers rayons de soleil baignant les reliefs arides de Fuerteventura.

véhiculés par les alizés. Les pluies sont donc rares et précieuses. Si la rosée suffit à certaines plantes pour survivre grâce à des principes d'adaptation sophistiqués, beaucoup d'essences ne peuvent prospérer. Jadis, on dénombrait une grande quantité de sources, mais aujourd'hui, à l'exception de celles identifiables à leurs éoliennes, elles sont toutes taries. Les nappes phréatiques se sont peu à peu asséchées et les précipitations ne sont pas assez importantes pour les alimenter durablement. Si quelques barrages retiennent une partie de l'or bleu venue du ciel, c'est surtout l'eau issue des traitements de dessalinisation qui pourvoit aux besoins de l'île.

Fuerteventura est probablement la plus africaine des îles des Canaries. Regs, ergs et oueds ont depuis toujours intégré le dictionnaire sémantique des lieux. Les champs de dunes qui couvrent le nord et le sud de cette dernière en sont la preuve irréfutable. Et si du haut du Bayuyo, esthétique cratère qui surplombe les dunes de Collarejo, on a le privilège d'assister au coucher de soleil sur le littoral, on comprend alors tout le sens de la phrase de Jean de Béthencourt (voir p. 140) lorsqu'il s'exclama en débarquant sur l'île (en 1405 ou 1408 selon les sources) : « Que fuerte ventura ! » expression qui devint alors le nouveau nom de l'île…

LES RONDS-POINTS DE FUERTEVENTURA

L'île présente un grand nombre de ronds-points, tous aussi originaux les uns que les autres.
À l'initiative du gouvernement local et des municipalités, il fut décidé de placer au centre de ces carrefours giratoires d'insolites sculptures. De nombreux artistes locaux et internationaux ont donc apporté leur contribution à l'édification d'édicules aussi variés qu'originaux. Lorsqu'il sillonne l'île, le visiteur a ainsi l'impression de parcourir une immense galerie d'art contemporain. L'une de ces réalisations les plus pittoresques se situe à Morro Jable où l'artiste cubaine Lisbet Fernández Ramos a façonné, en 2007, dans de la glaise deux groupes d'enfants scrutant l'avenir dans le ciel (*Caminos*). Tous ces personnages ont ensuite été disposés sur une esplanade matérialisée par le symbole du Ying et du Yang.

Randonnées à Fuerteventura

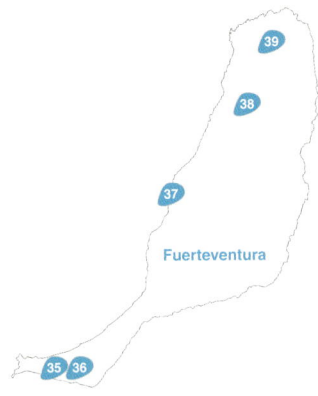

35 COFETE PAR LE BARRANCO DE GRAN VALLE ET LA DEGOLLADA DE COFETE

Coordonnées 28°6'31.81"N 14°24'5.36"W
Départ parking de Gran Valle. De Morro Jable (sud de l'île), prendre la route non asphaltée peu avant le port qui mène à la Punta de Jandia (panneaux indicateurs). Passer l'édifice religieux en continuant toujours sur la large piste puis se garer au bon parking de Gran Valle à droite (panneaux et signalétique).
Dénivellation cumulée A/R 560 m
Horaire A/R moyen 5 h 30

Difficulté longueur de l'itinéraire (près de 14 km en A/R)
Matériel spécifique aucun
Guide non
Intérêt particulier panorama

Cette randonnée qui emprunte une section du GR 131 traverse le Parque Natural de Jandia, du sud vers le nord, en passant à la degollada de Cofete, une faiblesse naturelle entre deux colosses locaux. La longue remontée du barranco de Gran Valle rappelle de par son ambiance l'Afrique toute proche. Oued à sec et reg sont les preuves irréfutables de l'extrême aridité des lieux. Ici, vaquent ânes et chèvres qui déploient des trésors de persévérance afin de trouver quelques végétaux à brouter. Sur l'île, la chèvre est le fruit de toutes les attentions. D'ailleurs, en cas d'accident sur les routes avec le capriné, l'automobiliste peut encourir une forte amende… la vigilance est donc de mise.

Le passage du col est le moment rêvé pour effectuer une pause contemplation. La suite est tout aussi esthétique. La raide descente du versant nord de la Jandia sur un sentier taillé dans les roches volcaniques évoque parfois les chemins de l'île de Madère de par son relief et son ambiance. Bien que le retour s'effectue par le même itinéraire, il est possible de regagner le point de départ en pratiquant l'auto-stop. Il faut cependant garder à l'esprit que la route reliant Cofete à Gran Valle n'est pas très empruntée et que cette option reste une alternative aléatoire.

▶ Du parking, prendre sans ambiguïté le spacieux chemin bordé de blocs qui s'enfonce dans le fond du vallon en direction de la Casa de Gran Valle. Peu de végétation prospère dans ce paysage aux allures de reg africain. Le sentier remonte lascivement le fond de la vallée pour atteindre un mur de pierres sèches qui coupe l'oued transversalement. De plus en plus, les sommets alentours écrasent par leur masse les perspectives. Poursuivre sur ce tracé confortable pour parvenir à une large intersection flanquée en son milieu d'un arbre mort. Toujours très bien entretenu, le chemin gagne le bout du vallon alors que la pente se relève puis, par quelques lacets, atteint le col. La vue est magnifique sur la playa de Cofete. À gauche s'élève Fraile (686 m) et à droite, plus au loin, le pico de la Zarza (812 m). Le sentier à flanc de falaise amorce ensuite la descente vers Cofete. Taillé dans les roches magmatiques, il file vers l'est puis plonge vers le littoral en décrivant tout d'abord quelques lacets. La pente

Dunes dans le Parc naturel de la Jandia.

Randonnées à Fuerteventura

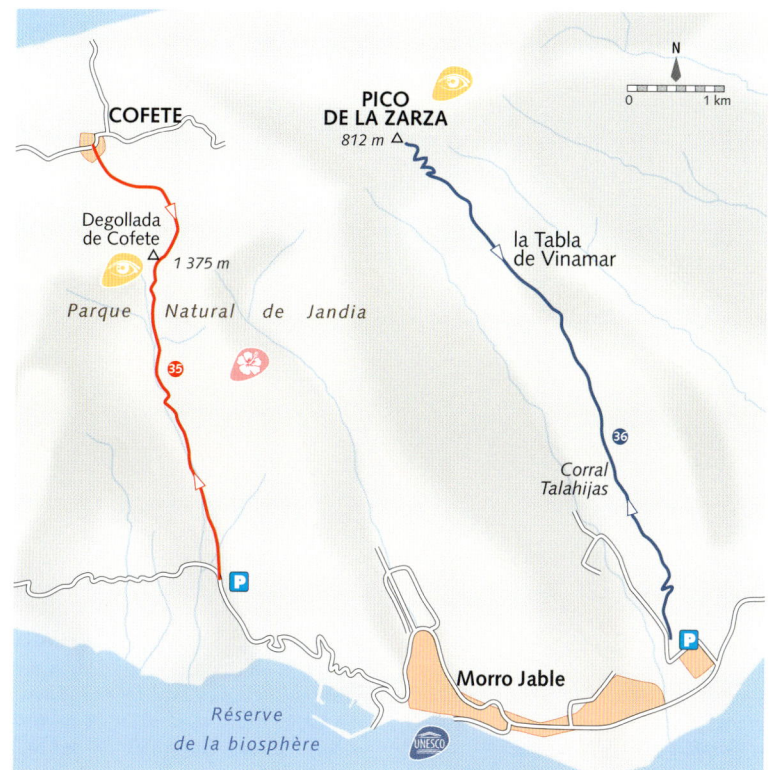

finit par s'assagir et c'est tranquillement que l'on gagne Cofete après avoir parcouru près de 7 km depuis le départ de cette magnifique randonnée.

36 LE PICO DE LA ZARZA
Coordonnées 28°6'5.65''N 14°21'23.76''W
Départ petit parking au-dessus du Barceló Jandía Mar. À l'entrée de Morro Jable (sud de l'île), prendre la rue à droite qui monte avant le bâtiment du Barceló Jandía Playa. Peu après, s'engager dans la rue à gauche pour atteindre une épingle. À la sortie de cette dernière, laisser son véhicule sur la droite (parking). Le départ de la randonnée se situe un peu plus haut sur la droite également (panneau).
Dénivellation + 700 m
Horaire A/R moyen 5 h
Difficulté longueur de l'itinéraire (près de 15 km en A/R)
Matériel spécifique aucun
Guide non
Intérêt particulier panorama sommital

Il s'agit du point culminant de l'île (812 m). Le panorama sommital est tout simplement fantastique et par temps clair, c'est tout Fuerteventura qui se dévoile à l'horizon. Versant nord-ouest, de vertigineux à-pics dominent l'océan au bord duquel les bâtisses paraissent bien petites. Plus au loin au sud, ce sont les magnifiques plages de sable blanc qui s'étalent autour de Morro Jable.

Si l'ascension est longue, elle n'est jamais ennuyeuse ni même fastidieuse. Le bon sentier d'accès qui se déroule sur le versant sud-est traverse des sites naturels de toute beauté avec en prime l'agrément de splendides points de vue sur les sommets environnants. Durant les 200 derniers mètres, la pente se redresse mais la récompense est au rendez-vous lorsqu'arrivé à la borne, la vue plonge en direction du rivage, 800 m en contrebas.

▶ Du parking, prendre la bonne piste qui s'élève au nord-ouest. Après deux épingles, elle contourne une protubérance par son flanc droit et commence une longue ascension linéaire pour atteindre dans un premier temps la tabla de Vinamar. Les panneaux de couleur bordeaux

Écureuil de Barbarie.

des Caminos Naturales de Fuerteventura signalent la distance restante pour parvenir à la cime. Imparable, droit devant, s'élève le pico de la Zarza. À l'approche du sommet, la pente se redresse et le chemin amorce plusieurs épingles. Il arrive bientôt devant un enclos à l'intérieur duquel on pénètre par un portail. Le sentier résolument minéral louvoie parmi les rocs et les quelques plantes présentes pour finalement atteindre de sommet de l'île matérialisé par une plaque identifiant ce point géodésique.

37 ARCO DEL JURADO PAR LES CUEVAS DE CALETA NEGRA
Coordonnées 28°24'41.52''N 14°9'27.05''W
Départ Ajuy (Puerto de la Peña). Sur la côte est, rejoindre Pajara puis le petit port d'Ajuy par le barranco de las Peñitas (parkings à l'entrée du village et au bord de la plage).
Dénivellation A/R non significative
Horaire A/R moyen 2 h en tenant compte de la visite des cuevas
Difficulté aucune
Matériel spécifique lampe frontale si l'on souhaite traverser le tunnel
Guide non
Intérêt particulier géomorphosites

Si Puerto de la Peña est un petit village présentant un intérêt certain du point de vue touristique, l'attraction principale du site est assurément la visite des *cuevas*, grottes creusées par la houle dans les abruptes falaises basaltiques. À l'inverse du sentier aménagé menant aux cavités qui est très fréquenté, celui conduisant à la magnifique arche de Jurado reste confidentiel. Dans ce secteur de

135

Randonnées à Fuerteventura

L'arco del Jurado.

Au sommet de la montaña de Tindaya.

Fuerteventura, un splendide circuit tracé dans le Monumento Natural de Ajuy offre, outre ces curiosités géologiques, de surprenantes perspectives tout au long d'escarpements assaillis par la houle. À mi-parcours, l'immense trouée dans le basalte mérite assurément une pause photo. Bien évidemment, à l'aller, la visite des grottes est incontournable. Cependant, afin de pimenter un peu cette incursion, il faudra s'engouffrer plus au fond dans le tunnel jusqu'à la seconde extrémité pour déboucher face à la houle et les embruns.

▶ Du village, prendre au nord le sentier aménagé qui débute au bout de la plage. Il mène sans difficultés aux grottes auxquelles on accède après être descendu le long d'un raide escalier. À l'intérieur de la cavité principale, poursuivre le long du tunnel pour atteindre son autre extrémité fouettée par la houle et les embruns. Revenir à l'intersection « Caleta Negra – Cuevas – Tolva » (panneau indicateur), puis reprendre le chemin en direction du port. Repérer sur la gauche (cairn) une petite sente qui file en direction de la clôture. Passer cette dernière par la petite ouverture et gagner les falaises au nord. Le sentier suit les escarpements flirtant parfois avec le vide. Il épouse les contours de la falaise et mène tranquillement jusqu'à l'arche. Une petite sente escarpée descend dans la falaise pour atteindre la grande plage au pied de la curiosité géologique. Pour le retour, emprunter la piste nord-est qui file dans le barranco de la Peña. Après quelques centaines de mètres, prendre à droite la sente ténue qui s'élève pour regagner le plateau au-dessus des falaises. Suivre cette dernière en filant au sud pour retrouver la clôture et le passage permettant de rejoindre l'itinéraire des cuevas. De là, le chemin aménagé ramène sans aucune difficulté à Puerto de la Peña.

38 LA MONTAÑA DE TINDAYA
Coordonnées 28°35'46.80''N 13°58'36.30''W
Départ Tindaya. De La Oliva au nord de l'île, emprunter la FV10 jusqu'à Tindaya. Du village, s'engager en direction de Puerto de Paso Chico et à la sortie de la bourgade, prendre à droite la piste menant au départ du sentier.
Dénivellation cumulée en A/R 230 m
Horaire A/R moyen 1 h 30
Difficulté montée soutenue
Matériel spécifique aucun.
Guide non
Intérêts particuliers site historique. Panorama sommital.

Si la petite bourgade de Tindaya est réputée pour ses fromages de chèvre, il en est de même pour le sommet qui la domine. Ce dernier était autrefois sacré pour les Guanches (premiers habitants des îles Canaries, 3000 avant J.-C.) et, de nos jours, il est protégé et classé comme monument naturel. Depuis la découverte par des archéologues de plus de 300 gravures rupestres guanches sur le site, son accès est devenu réglementé. L'ascension de ce sommet est raide et se déroule en grande partie sur terrain rocheux et pierreux. À l'arrivée, le panorama est de toute beauté et l'effort consenti est bien vite oublié face à l'étendue des paysages désertiques qui se fondent à perte de vue sur 360°.

▶ L'itinéraire débute par une piste confortable bordée par de petits murets de pierres sèches. Peu après, des cailloux dressés tels de petits menhirs balisent le parcours qui gagne un petit passage permettant de franchir un mur. Au-delà, le sentier se raidit et grimpe sur le versant nord-ouest du sommet convoité. Dès lors, il faut louvoyer parmi les blocs pour prendre pied sur la croupe sud-ouest. De là, suivre la crête rocheuse jusqu'au pied de la montagne. L'adhérence sur la roche est bonne et la progression est en général aisée. Peu avant la protubérance sommitale, s'engager sur la sente à droite qui, après un contournement, permet l'accès à la cime sacrée de Tindaya (399 m).

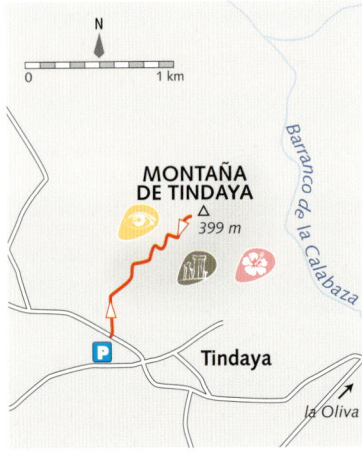

39 CALDERON HONDO Y MONTAÑA COLORADA
Coordonnées 28°41'55.57''N 13°55'16.77''W
Départ Lajares (80 m), à 7,5 km au nord de La Oliva. De Puerto del Rosario, gagner au nord-ouest La Oliva puis la petite bourgade de Lajares au nord de l'île. S'engager ensuite sur la route de Majanicho sur un peu plus de 1 km. Repérer à droite un petit parking (pancarte avec un petit toit) permettant de se garer. L'itinéraire débute au panneau.
Dénivellation 230 m
Horaire A/R moyen 1 h 30

La montaña Colorada au crépuscule.

Difficulté aucune
Matériel spécifique aucun
Guide non
Intérêts particuliers panorama, ambiance

Inutile de chercher bien loin l'origine du nom montaña Colorada. À la simple vue de ce petit volcan, on comprend immédiatement la toponymie du lieu. Vu du parking, ce dôme isolé et coloré paraît assez lointain. En fait, il n'en est rien. Un bon sentier permet une approche aisée et le cheminement proposé offre l'opportunité de gravir deux caldeiras pour ainsi dire jumelles. Les différentes couleurs des scories jouent perpétuellement avec les rayons de soleil, déclinant au fil de la journée une infinité de nuances donnant à ce lieu de multiples ambiances.

➤ La piste démarre tranquillement au bord de la route menant à Majanicho (GR 131). Elle passe ensuite au pied du versant sud de la montaña Colorada pour gagner la base d'un large couloir de scories entre cette dernière et le calderon Hondo (aire rond-point). Quitter le GR et grimper la raide pente par une sente ténue qui facilite néanmoins la progression sur un sol caillouteux qui se dérobe facilement sous les pieds. La couleur des scories varie tout au long de la montée, passant alternativement du noir à l'ocre ou encore au gris. Après avoir franchi cette petite difficulté, prendre à droite le sentier pentu menant au bord de la caldeira (278 m). Le panorama est sublime sur le nord de Fuerteventura et sur l'île voisine de Lanzarote. Après cette première ascension, gagner le petit col entre les deux sommets pour suivre le sentier sud-ouest qui grimpe droit dans les cailloutis ocre pour conduire à la montaña Colorada (240 m). Les perspectives offertes ne cessent de surprendre et l'étendue du panorama de nous retenir en ce lieu magique qui s'embrase littéralement au moment du coucher de soleil.

Pour le retour, descendre le versant sud-ouest parsemé de quelques plantes et autres lichens qu'il faut éviter de piétiner. La sente rejoint finalement une bonne piste provenant du fond de la caldeira. Cette dernière gagne peu après le chemin carrossable emprunté à l'aller.

Lanzarote

Comme Fuerteventura, Lanzarote fait partie de l'archipel espagnol des Canaries. C'est l'île habitée la plus orientale de cet ensemble, émergeant à quelque 140 kilomètres des côtes du Maroc.

▍Un volcanisme capricieux

Sa situation lui confère un climat subdésertique ne laissant que peu de place à la végétation pour prospérer de manière significative sur un sol aride et rocheux. L'activité volcanique de l'île combinée à un climat difficile a obligé les habitants à s'adapter à ces conditions particulières. La vallée de la Geria est un bel exemple de cette adaptation. Ici, la viticulture façonne les paysages. Chaque pied de vigne est isolé dans de petites

Pays: Espagne
Langue: espagnol
Monnaie: euro
Capitale: Arrecife
Point culminant: peñas del Chache (670 m)
Courant: 220 v
Décalage horaire: GMT +1/+2
Formalités: carte d'identité pour les ressortissants français
Période recommandée: de juin à septembre
Randonnée: sentiers généralement très bien entretenus
Déplacements sur l'île: location de véhicule recommandée
Coups de cœur: circuit d'El Golfo
En faire plus: visite des exploitations viticoles de la vallée de la Geria
Géomorphosites et autres curiosités naturelles: lagon Vert, Cueva de los Verdes
Produits locaux à ramener: vins de la vallée de la Geria
À déguster sur place: plats à base de poissons
OT: http://www.turismodecanarias.com

Champ de cônes volcaniques vu depuis la petite ville d'Uga.

Lanzarote

dépressions de gravier volcanique – *picón* – bordées de murets pour les protéger du vent et de la dessiccation. L'humidité provenant de la rosée nocturne permet ainsi l'alimentation en eau de la plante. Pour les amateurs, de nombreux producteurs proposent des dégustations tout le long de la route traversant les paysages insolites de la Geria.

Si le climat joue un rôle important concernant la phytogéographie, un autre élément majeur intervient dans le modelé des paysages. Il s'agit du volcanisme, activité indissociable de l'île. En 1730, une terrible éruption se produit dans les environs de Timanfaya détruisant une dizaine de villages alentour. Durant six années, le volcan déverse sa lave et transforme de manière significative les paysages. En 1824, de nouvelles manifestations terrorisent Timanfaya et obligent les locaux à migrer. Le volcan Clérigo Duarte vient d'entrer en éruption après plusieurs phases séismiques. Sa lave de type aa se déverse sur ses flancs, accompagnée de jets d'eau salée. Dans un dernier espoir, on raconte que les habitants du petit village local de Mancha Blanca organisent alors une procession accompagnée d'une statue de la Vierge afin de stopper le torrent de roche en fusion. Le miracle a lieu et le flot de lave s'arrête à l'entrée du village.

UN NORMAND CANARIEN

Ce n'est pas un Espagnol qui en 1402 conquit l'île de Lanzarote, mais bien un Français répondant au nom de Jean de Béthencourt. Il fut ensuite nommé roi des Canaries par Henri III de Castille. Trois années plus tard, il s'empara de Fuerteventura. En 1406, « le Canarien » céda le gouvernement des Canaries à son neveu pour finir sa vie en France. De nos jours, son nom est encore bien présent dans cette partie du monde, à l'image de la petite bourgade de Betancuria…

San Bartholomé.

Le parc de Timanfaya

De nos jours, le parc de Timanfaya propose un cheminement parmi les vestiges de cette activité volcanique très récente sur l'échelle géologique. Lanzarote, couverte aux trois quarts de lave émise par une centaine de volcans, s'est donc dotée au sud-ouest d'un parc national afin de valoriser ce site exceptionnel. Créé en 1974, il possède 50 kilomètres carrés strictement protégés. Concernant la visite guidée, on peut toutefois regretter l'emploi d'un bus dont on ne peut descendre et depuis lequel il faut se contenter de photos prises au travers des vitres du véhicule. On peut toutefois faire une incursion pédestre dans ce sanctuaire en empruntant le circuit de randonnée décrit dans la section randonnée (voir p. 144). Des promenades en dromadaire sont également proposées, mais malgré toutes les sensations insolites que l'on peut ressentir juché sur l'animal à bosse, ces courtes expéditions ressemblent plus à des attrape-touristes qu'à une expédition en terre d'aventure. Reste que Peter O'Toole nous ayant quittés, la perspective d'accrocher dans son salon un poster du nouveau Lawrence d'Arabie pourrait séduire certains.

Malgré la relative quiétude des lieux, il faut garder à l'esprit que l'on évolue ici dans une région de volcanisme actif. Un spot très prisé se situe à peine deux mètres au-dessus de roches en fusion dont la température atteint 400° Celsius (elle est déjà de 200° Celsius à 20 cm de profondeur). Déposés en surface dans les anfractuosités de la roche, les végétaux s'enflamment instantanément et l'eau est immédiatement vaporisée. Ces démonstrations que font les agents du parc mettent en avant l'activité volcanique rappelant au passage que le milieu reste hostile. Plus à l'ouest, la température atteint 700° Celsius à moins de 30 mètres de profondeur. Nous sommes à El Diablo, site où César Manrique (1919-1992) fit construire l'emblématique restaurant de l'île.

César Manrique

Cet artiste à la fois peintre, sculpteur, architecte et fervent défenseur de son île est indissociable de Lanzarote. Personnage omniprésent dans cette région des Canaries, une fondation portant son nom fut créée dans les années 80. Au cours de sa vie, il imagina de nombreux bâtiments et routes qui s'inscrivent parfaitement dans l'environnement de l'île aussi bien dans le domaine touristique que culturel.

Si la randonnée sauvage n'est pas permise dans le parc national pour toutes les raisons évoquées précédemment, il est cependant tout à fait possible de marcher sur de nombreux sentiers parcourant Lanzarote. Quoique l'île soit principalement réputée pour ses activités sportives tournées vers la mer, la randonnée reste une pratique complémentaire enrichissante qui donne à découvrir « autrement » cette région où le volcanisme reste encore très actif.

Ci-dessus
Entrée du parc de Timanfaya.

En haut
La vallée de la Geria.

En bas
Les falaises bicolores au Charco de los Clicos.

Randonnées à Lanzarote

40 LE CIRCUIT D'EL GOLFO PAR LE LAGON VERT ET LA PLAYA D'EL PASO

Coordonnées 28°58'47.24"N 13°49'45.32"W
Départ parking d'El Golfo. De Yaiza (sud-ouest de l'île), prendre la LZ704 pour gagner El Golfo et son grand parking à l'entrée du village.
Dénivellation négligeable
Horaire A/R moyen 2 h 15
Difficulté aucune
Matériel spécifique aucun
Guide non
Intérêts particuliers volcanisme et formations géomorphologiques associées

El Golfo est un petit village de pêcheurs surtout réputé pour son lagon vert dont l'eau est plus salée que celle de la mer Morte. Au fil du temps, l'océan a érodé un cratère laissant apparaître un étrange lagon au pied des falaises. Bien qu'il semble séparé de l'Atlantique, il communique néanmoins par un réseau de tubes volcaniques avec ce dernier. La couleur de ses eaux est due à divers facteurs dont la composition chimique de certains minéraux volcaniques et la présence d'algues.

Le parcours de 8,5 km se déroule en partie parmi les étendues de lave, le chemin étant matérialisé par de petits rochers. Il est recommandé de ne pas s'aventurer hors sentier car le sol chaotique rend la progression difficile augmentant les risques d'accidents. Enfin, de nombreuses formations géologiques ponctuent cette randonnée principalement jusqu'à la playa del Paso.

➤ Le parcours débute au parking.
Traverser le village et s'engager sur le sentier à la sortie de ce dernier. Bien marqué, il traverse des champs de lave où l'on découvre de nombreux tubes volcaniques et autres trous formés par les bulles de gaz émises lors des éruptions. Ce paysage lunaire est en tout point remarquable. Côté mer, une belle arche se découpe sur le rivage. Lorsque le chemin atteint une piste, prendre à gauche pour gagner la belle plage d'El Paso. Revenir sur ses pas pour retrouver la bifurcation avec le sentier. Continuer sur la piste pour passer une barrière jouxtant un panneau identifiant le Parc national de Tymanfaya. Poursuivre pour évoluer à proximité d'un impressionnant bâtiment puis parvenir à une sorte de portail blanc. Obliquer à droite et emprunter la piste jusqu'à la route asphaltée qui ramène au village d'El Golfo.
Avant de quitter les lieux, prendre au sud le sentier aménagé qui conduit jusqu'au lagon vert pour découvrir cette magnifique curiosité géomorphologique (Charco de Los Clicos).

En haut
Sur les hauteurs de Lanzarote.

En bas
Arche côtière aux Hervideros.

Ci-dessous
Le lagon Vert.

Archipel maltais

Archipel maltais

Et il n'est rien de plus beau que l'instant qui précède le voyage, l'instant où l'horizon de demain vient nous rendre visite et nous dire ses promesses.

Milan Kundera

On réduit souvent l'archipel maltais à une simple île connue sous le nom de Malte. En fait, le territoire maltais est composé de huit îles dont la moitié seulement est habitée. Parmi ces dernières, seules Malte, Gozo et Manoel sont véritablement urbanisées et méritent un séjour prolongé.

Comino est la troisième île en superficie. Située entre Malte et Gozo, elle ne compte que quelques résidents à l'année, la très grande majorité des personnes fréquentant l'île sont des touristes venus se baigner dans les eaux limpides du Blue Lagoon. Ce petit paradis n'est pas sans rappeler certaines anses des Seychelles. En raison de l'aridité des lieux, le printemps s'avère être la meilleure période pour visiter l'île de Comino, les paysages présentent de multiples couleurs alors que fleurissent iris, boutons d'or, pissenlits et cumin. Ce dernier, importé à Malte au XVIIIe siècle, a d'ailleurs donné son nom à Comino. On l'aura compris, l'intérêt majeur de l'île se résume à la baignade. Reste pour les contemplatifs la découverte de spots véritablement esthétiques tels le Blue Lagoon, le détroit de Fliegu et la grande arche côtière.

Cominotto, Filfla et les deux îles de Saint-Paul sont inhabitées et leur visite ne suscite que peu d'intérêt. Filfla est située à 5 kilomètres au sud-ouest de Malte et ses falaises d'une soixantaine de mètres de haut rendent son accès problématique. Seule une petite chapelle y fut édifiée en 1343. Elle fut par la suite détruite lors du tremblement de terre de 1856. Mais pour les Maltais, Filfla reste le secteur où fut capturé en 1987 l'un des plus grands requins blancs de Méditerranée. Sa longueur avoisinait les sept mètres pour une masse de trois tonnes. Alors qu'il allait relever ses lignes, c'est un pêcheur de thon qui captura ce poisson dont la taille était supérieure à celle de son embarcation. Que les touristes se rassurent toutefois, les observations de requins le long des côtes méditerranéennes demeurent confidentielles, même si le mako et le requin bleu fréquentent le large des côtes maltaises. Le grand blanc est lui menacé et sa disparition annoncée dans cette région du globe serait probablement liée à la raréfaction d'autres espèces à l'instar du thon de Méditerranée.

Lorsque l'on évoque Malte, les premiers mots qui viennent spontanément à l'esprit sont chevalier, ordre, faucon ou encore préhistoire. Pour les férus du néolithique, l'archipel est incontournable pour ses richesses archéologiques. La fusion des cultures et de leurs influences durant des siècles a engendré un savant mélange de traditions, conférant à l'archipel une culture éclectique et fascinante. Les îles de Malte ont trois sites inscrits sur la liste du patrimoine mondial de l'Unesco : la cité de La Valette, les temples mégalithiques et l'hypogée d'Hal Saflieni. La capitale de Malte, La Valette, est bien entendu liée à l'histoire de l'ordre de Saint-Jean-de-Jérusalem et les 320 monuments que compte la ville en font un des sites les plus riches historiquement au monde. De leur côté, les temples de Hagar Qim, Mnajdra et Tarxien sont en tous points remarquables compte tenu des ressources limitées

Double page précédente
Le luzzu est une embarcation traditionnelle maltaise.

À droite
Aux Dingli Cliffs.

dont disposaient les bâtisseurs à la fin du néolithique entre 3000 et 2500 avant J.-C. Quant à l'hypogée, il fut découvert en 1902 par des ouvriers qui creusaient un puits sur le site. Les fouilles ont permis de mettre au jour une extrême richesse de supports archéologiques tels que des poteries, des ossements humains, des bijoux, des amulettes et de petits animaux sculptés. Toujours pour les passionnés d'histoire et les amoureux de belles pierres, les édifices religieux à Malte et Gozo sont de toute beauté et de tout premier ordre. Chrétienne à près de 100 % et très fervente, la population maltaise met un point d'honneur à conserver dans un état irréprochable son patrimoine religieux et culturel.

Mais, il y a aussi une autre facette cachée des îles, un trésor précieux jalousement gardé par les locaux, peu médiatisé et pourtant magnifique. Ici, l'extraordinaire géologie est peu mise en valeur à l'exception de quelques sites incontournables fréquentés par les voyagistes mais dont la visite mérite le détour. Cependant, pour le visiteur curieux, il existe une multitude de sites pittoresques qui livrent avec complaisance leurs secrets. La marche s'avère ainsi être le meilleur moyen pour les découvrir parmi des paysages où il n'est jamais difficile ni même fastidieux d'évoluer. Pour le plus grand bonheur des randonneurs, on ne compte plus les géomorphosites qui sont apparus au fil des millénaires sur ces îles à l'attachante beauté.

Gozo

Une escapade sur l'île de Gozo procure une indéniable sensation de tranquillité. Ici tout est calme et les heures défilent sans heurts.

▌Une gentillesse mâtinée de fierté et de romantisme

Toujours prêts à engager la conversation, les Gozitains parlent avec amour de leur île pour peu que l'on assimile quelques rudiments de leur langue, tant la sémantique laisse le plus souvent dubitatif. Ici, la présence du divin n'est jamais très loin et il saura à n'en point douter guider votre visite et probablement vous donner un providentiel coup de main en suggérant aux locaux d'insérer quelques mots d'anglais dans leurs phrases.

Pays : Republic of Malta
Langues : maltais, anglais
Monnaie : euro
Capitale : Victoria
Point culminant : Ta' Dbiegi (183 m)
Courant : 220 v
Décalage horaire : aucun
Formalités : carte nationale d'identité pour les ressortissants français
Périodes recommandées : printemps, automne
Randonnée : avec l'aide la communauté européenne, la signalisation devient un peu moins confidentielle.
Déplacements sur l'île : location de véhicule recommandée
Coups de cœur : ascension du Tas Salvatur au coucher de soleil
En faire plus : visite du site de Ggantija, Salt Pans de Marsalforn
Géomorphosites et autres curiosités naturelles : Azure Window, Wied il-Mielah Window
Produits locaux à ramener : limoncello, miel de thym
À déguster sur place : poisson frais au miel
OT : www.visitmalta.com

Azur Window est une magnifique arche aux lignes épurées haute d'une trentaine de mètres.

Et pour le remercier de son intervention salvatrice, vous ne rechignerez pas à escalader le soir venu le piton rocheux au-dessus de Marsalforn pour rendre hommage au Corcovado local illuminé par les derniers rayons du soleil.

Gozo se veut différente de Malte et n'attache que peu d'importance à sa grande sœur qui fait preuve parfois de condescendance à son égard. Qu'importe, l'identité gozitaine gomme tout sentiment d'infériorité sur cette île où la fierté et la gentillesse sont légion.

Si Malte et Gozo ont vécu la même histoire, il n'en est pas de même concernant les conséquences des batailles qui s'y déroulèrent. Mal défendue, Gozo fut plusieurs fois dévastée et sa population réduite à l'esclavage. Cependant, dès que les conditions redevenaient plus favorables, les Gozitains qui avaient pu fuir regagnaient majoritairement leur île. Les habitants de Gozo ont toujours été très attachés à leur terre et à leur patrie et cet orgueil se reflète dans les dimensions et la beauté de leurs édifices religieux. Dans la cité de Victoria, le prestige des lieux attire fréquemment de nombreux chanteurs d'opéra invités à se produire dans un cadre fabuleux. Ici, on est romantique, entier, peu dépensier et parcimonieux, mais cette sobriété ne confine pas à l'avarice. Plus qu'une qualité, la générosité est depuis toujours un art de vivre.

Une petite île à grand spectacle

Gozo est connue pour être une oasis de calme baignée par une agréable nonchalance. Le charme de l'île sœur comme disent les Maltais est immédiatement palpable. Gozo est plus verte, plus rurale et son rythme de vie particulier est dicté par les saisons, la pêche et l'agriculture. Ici, pousse le sumac, le ricin, le grenadier, le

tamarin ou encore le pin parasol. Les maisons sont coquettes, colorées et ornées de balustrades et de balcon en fer forgé. Autour des villages, la nature a conservé un certain caractère sauvage et intact. Toutes ces raisons contribuent à faire de Gozo aujourd'hui une destination à part entière où il fait bon se poser et prendre son temps pour visiter. Azure Window, Fungus Rock, Tas Salvatur, Calypso's Cave, Neolithic Cave Dwellings, Ggantija ou encore Wied il-Mielah Window sont autant de sites spectaculaires qui laissent au visiteur d'inoubliables souvenirs.

UNE FENÊTRE SUR LE JEU DES TRÔNES
Si l'Azure Windows est depuis tous temps un site emblématique de Gozo, il n'en fallait pas moins pour que l'industrie cinématographique américaine ne saisisse l'opportunité de faire figurer ce géomorphosite dans l'une de ses séries à succès, la saga intitulée *Game of Thrones*. Après l'Irlande, l'Écosse ou encore la Grèce, c'est donc l'archipel maltais qui figure au générique. Si bien évidemment les yeux des fans seront dirigés vers les acteurs à la musculature improbable et à l'esthétique irréprochable, les amoureux de curiosités naturelles ne manqueront pas durant un épisode tourné *in situ*, de remarquer en arrière-plan l'immense arche naturelle.

Ci-dessus
Une multitude de fossiles sont enserrés dans les roches sédimentaires de Gozo.

À droite
Vue panoramique au crépuscule sur l'ouest de Gozo depuis la statue du Christ Rédempteur.

Double page suivante
Marsalforn vu depuis le Tas Salvatur.

Randonnées à Gozo

41 AZURE WINDOW – SAN LAWRENCE CLIFFS – SAN DIMITRI POINT

Coordonnées 36°3'8.25"N 14°11'24.24"E
Départ parking de Dwejra. De Victoria au centre de Gozo, prendre la route est pour San Lawrence. De la bourgade, descendre par l'excellente route jusqu'à l'aire de parking de Dwejra (nombreuses places).
Dénivellation négligeable
Horaire A/R moyen 2 h pour le circuit
Difficulté aucune
Matériel spécifique aucun
Guide non
Intérêts particuliers géomorphosites remarquables

Avec les magnifiques géomorphosites d'Inland Sea, de Fungus Rock et d'Azure Window, la façade ouest de Gozo est de loin la région la plus appréciée par les amateurs de sites naturels insolites.

Inland Sea est une minuscule mer intérieure de laquelle on s'échappe vers le large par un long tunnel qui traverse la falaise. Rien ne semble troubler le calme qui règne ici, même pas les violentes tempêtes qui frappent de plein fouet les escarpements calcaires de Dwejra Point. Un peu plus au sud, le Fungus Rock, célèbre monolithe de 60 mètres de haut se dresse au-dessus des eaux limpides de la Méditerranée. Ce pinacle abrite un champignon parasite censé guérir les maladies du sang que les Chevaliers de l'ordre de Malte découvrent. Ces derniers en protégeaient l'accès afin d'éviter toute récolte abusive. À l'ouest, Dwejra Point accueille la grande arche, sublime fenêtre vers le ciel qui reste la vedette incontestée de Gozo lorsque l'on évoque son patrimoine naturel.

▶ La randonnée débute au parking. Gagner dans un premier temps le site d'Inland Sea pour découvrir cette petite et insolite mer intérieure. Revenir sur ses pas pour se diriger vers l'Azure Window, trouée béante vers le nord. La durée de la visite de ce spot est variable tant cette dernière réserve des surprises. De là, s'engager nord-est sur les dalles de calcaire tout en suivant le haut des falaises. Continuer ainsi sur 1,5 km pour rejoindre la petite route arrivant de San Lawrence. Poursuivre en direction du nord sur 1 km pour atteindre San Dimitri Point d'où se dévoile un panorama marin à couper le souffle.

Le retour s'effectue par le même itinéraire, sachant qu'il est toujours possible de louvoyer parmi les paysages de tout premier ordre que l'on traverse.

L'accès aménagé à l'arche de Pinu Point.

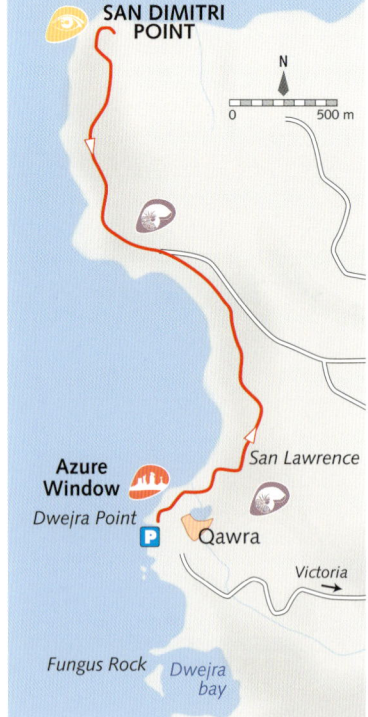

42 WIED IL-MIELAH WINDOW – FORNA POINT – WIED IL-GHASRI

Coordonnées 36°4'49.654"N 14°13'44.989"E
Départ Wied il-Mielah. Depuis la petite localité de Gharb, prendre la route récente qui s'enfonce dans le Wied il-Mielah pour gagner la côte. Un peu avant la mer, se garer juste avant le petit pont sur la droite.
Dénivellation négligeable
Horaire A/R moyen 2 h 15
Difficulté aucune
Matériel spécifique aucun
Guide non
Intérêts particuliers géomorphosites remarquables

L'archipel de Malte recèle de nombreuses formations géologiques remarquables autant par leur taille que par leur caractère insolite. Cheminer sur le Wied il-Mielah Gharb Country walk permet d'en découvrir quelques-unes d'entre elles, dont l'immense arche homonyme. Ce projet d'itinéraire est en partie financé par l'Union européenne et par des fonds nationaux maltais. La section empruntée s'étire sur un peu plus de 2 km le long des falaises calcaires qui surplombent verticalement la mer. Depuis Wied il-Mielah jusqu'à Wied Il-Ghasri, le chemin parcourt le sommet des strates crème de globigérine en tutoyant le vide et nombreux sont les fossiles que l'on peut observer dans la roche sédimentaire.

N.B. : l'accès à la grande arche emprunte un chemin bétonné à flanc de falaise qui nécessite un minimum de prudence avec de jeunes enfants.

L'arche de Pinu Point.

Salt Pans de Marsalforn.

➤ Du pont, s'engager au nord en direction de la mer. Prendre à gauche le chemin bétonné qui descend dans la gorge à flanc de falaise. Il mène jusqu'à la Wied il-Mielah Window que l'on découvre dans la falaise opposée. La vue sur ce trou naturel est grandiose. Revenir sur ses pas. Du pont suivre sur 2 km les falaises calcaires pour gagner la gorge de Wied il-Ghasri et sa petite plage « secrète ». L'itinéraire minéral traverse d'étranges géomorphosites où la roche prend des formes inattendues et parfois même une structure en éponge de mer. Ici, diverses couleurs de roches se juxtaposent délimitant autant de couches parallèles parmi les fabuleux paysages sédimentaires du nord de l'île. On comprend alors tout l'intérêt de créer de tels chemins d'interprétation.

43 TAS SALVATUR

Coordonnées 36°3'59.369"N 14°15'15.779"E
Départ route de Marsalforn (N° 3 – Triq Ir-Rabat). Depuis Victoria, prendre sur 2 km la route de Marsalforn. Repérer sur la droite une route s'engageant dans une épingle serrée et laisser son véhicule au départ de cette dernière (peu de place).
Dénivellation négligeable
Horaire A/R moyen 45 mn
Difficulté aucune
Matériel spécifique aucun
Guide non
Intérêts particuliers panorama sommital, site religieux remarquable

Statue emblématique de la région nord de Gozo, le Christ Rédempteur domine et veille sur la petite ville de Marsalforn. Sous la protection du Messie, ce vieux village de pêcheurs dont le nom signifie littéralement « Port aux grottes que la mer a creusé » est devenu au fil du temps une petite station balnéaire très prisée des touristes de passage. Dès 1901, une première croix de bois fut érigée sur le piton rocheux de Tal-Merzuq Hill. En 1904, en hommage au Christ Rédempteur, une statue de pierre remplaça la croix. À cette occasion, le lieu fut rebaptisé Tas-Salvatur (Our Saviour's Hill – The Redeemer). Peu résistante aux intempéries, la statue fut à son tour remplacée par une nouvelle œuvre dans les années soixante. Mais l'histoire de ce site remarquable ne s'arrêta pas là. La sculpture fut à son tour détruite par la foudre ! Qu'à cela ne tienne, une troisième statue en matériaux composite prit place au sommet du piton. A priori, elle semble mieux à même d'affronter les futures intempéries. De taille plus modeste, elle n'est pas sans rappeler celle du Corcovado à Rio de Janeiro.

La promenade au piton du Christ Rédempteur est certes courte mais « diablement » panoramique. Au nord, toute la baie de Marsalforn s'étale en contrebas et au sud, Victoria laisse entrevoir quelques-unes de ses splendides richesses culturelles. La montée est brève et même s'il est parfois nécessaire d'utiliser les mains, le cheminement n'est jamais vraiment problématique. Le meilleur moment pour se hisser au sommet de ce petit piton est sans conteste le soir au coucher du soleil. L'ombre du rédempteur s'étire langoureusement vers l'est et le pittoresque petit village de Marsalforn se pare de chaudes couleurs chatoyantes.

➤ S'engager sur la route en direction de Marsalforn sur 150 m puis prendre sur la gauche un bon sentier qui traverse les cultures pour atteindre la base du piton rocheux. Le sentier devient plus escarpé et la statue se rapproche significativement. Gagner parmi les fenouils et autres plantes herbacées le sommet en grimpant raide au travers des rochers tout en s'aidant parfois des mains pour atteindre le socle pierreux supportant le symbole religieux.

Malte

Le grincement du train d'atterrissage qui descend et le crissement des volets qui sortent sont autant de signes annonçant un atterrissage imminent. Au-dessous, baignés dans une douce lumière de fin de journée, les paysages prennent peu à peu une teinte orangée. Marsaxlokk et ses habitations aux nombreuses terrasses ensoleillées s'étalent langoureusement, baignant dans la quiétude ambiante : Merhba ghall f'Malta *(« Bienvenue à Malte »).*

▍ *Merhba ghall f'Malta*

Si Malte est connue pour ses Chevaliers et son ordre, elle l'est un peu moins pour la singularité de ses paysages et la beauté de ses formations géologiques. Ici le calcaire règne en maître et l'action continue de l'érosion contribue à façonner de bien singulières silhouettes. Dans cette région de la Méditerranée, arches naturelles, tunnels et falaises abruptes retiennent immanquablement le regard des visiteurs très vite conquis par autant de richesses naturelles.

La Valette, capitale en perpétuelle effervescence, mérite au minimum une journée de flânerie. Prendre un café en début de matinée en terrasse en observant le flot de fonctionnaires locaux se rendant sur leurs lieux de travail est un spectacle à ne pas manquer. La visite des innombrables édifices enthousiasme les touristes curieux et principalement les passionnés d'histoire car ici, il est impossible d'ignorer le passé et de négliger le patrimoine architectural. La Méditerranée possède avec Valletta une de ses plus belles villes historiques.

Situé à seulement 93 kilomètres de la Sicile, Malte est le plus petit pays de l'Union européenne. Avec son climat méditerranéen, il bénéficie de conditions idéales tout au long de l'année. Ici, on ne découvre ni montagnes, ni rivières, ni forêts. Une vaste table de roches sédimentaires semble flotter au-dessus des eaux turquoise de la Méditerranée rendant parfois l'accès à la Grande Bleue problématique. Sur l'île, le calcaire à globigérine – un protozoaire – est roi. Les Maltais l'utilisent majoritairement pour la construction des lieux de culte et des palais. C'est un matériau noble qui confère aux édifices une soyeuse couleur dorée. Pour les autres bâtiments, ils lui préfèrent le calcaire corallien présent dans les couches supérieures du millefeuille sédimentaire.

Pays : Republic of Malta
Langue : maltais, anglais
Monnaie : euro
Capitale : La Valette
Point culminant : Ta'Dmejrek (257 m)
Courant : 220 v
Décalage horaire : aucun
Formalités : carte d'identité pour les ressortissants français
Périodes recommandées : printemps et automne
Randonnée : avec l'aide la communauté européenne, la signalisation devient un peu moins confidentielle.
Déplacements sur l'île : location de véhicule recommandée
Coups de cœur : Gebel Ciantar Plateau
En faire plus : visite des nombreux sites historiques, promenade dans la réserve naturelle de Ghadira, plongée
Géomorphosites et autres curiosités naturelles : Dingli Cliffs, Blue Grotto
Produits locaux à ramener : miel de thym
OT : www.visitmalta.com

Sur les falaises dans les environs de Blue Grotto.

Malte

Sur le chemin remontant parmi les Dingli Cliffs.

La foi et l'ordre

Malte est peuplé dès le néolithique, puis sera tout au long des siècles une terre accueillant de nombreux migrants à l'image des Phéniciens, des Grecs, des Romains et des Arabes. Plus tard, ce sont les Normands qui colonisent ce bout de terre stratégique. En 1530, l'ordre hospitalier de Saint-Jean-de-Jérusalem prend possession de Malte suite à sa cession par Charles Quint qui leur confie la mission de lutter contre l'empire turc ottoman. En 1565, au terme de quatre mois de conflit, l'Ordre sort vainqueur du « Grand Siège », une victoire que fête la chrétienté voyant dans ce fait de guerre l'établissement de son hégémonie en Méditerranée. Lors de la campagne d'Égypte, Bonaparte s'empare en 1798 de l'île, mais pour peu de temps. Une fois de plus, les Anglais afin d'assouvir leur désir d'hégémonie sur le monde contestent cette possession et finissent par établir la souveraineté de la couronne britannique. En 1919, le ressentiment contre l'occupation anglaise atteint son paroxysme et l'Union Jack est brûlé à La Valette. Outrés, les Britanniques envoient l'armée pour mater les émeutiers. En 1964, Malte devient indépendante mais reste dans le giron du Commonwealth et ce n'est qu'en 1974 que le cordon sera définitivement coupé.

UN MIEL COULEUR LOCALE

Si la couleur emblématique des pierres composant les édifices maltais évoque le miel, ce dernier, pur produit de l'industrie apifère locale est tout aussi célèbre mais dans le monde de la gastronomie. Les plus exigeants trouveront dans ce miel une saveur incomparable faisant de ce produit l'un des plus délicieux au monde. Son arôme de thym et son goût très prononcé lui donnent des caractéristiques uniques pour le plus grand plaisir des amateurs. Si vous désirez en ramener, veillez à bien acheter un pur produit local et artisanal. Reste que qualité et rareté ont un prix, mais quand on aime, chacun sait que l'on ne compte pas…

Malte

De nouvelles perspectives

Depuis quelques années, Malte tente de proposer une alternative aux séjours balnéaires où les vacanciers se retrouvent sur des plages bondées le jour et dans les night-clubs branchés la nuit. Un désir de mise en valeur du patrimoine naturel émerge peu à peu et de nouvelles infrastructures facilitent la découverte de sites remarquables. La création de réserves naturelles – certes d'espace restreint – va dans ce sens. Celle de Ghadira en est un exemple. Inaugurée en 1988, elle offre aux visiteurs des abris d'observation de la faune aviaire où 200 espèces d'oiseaux peuvent y vivre. Plus difficiles à voir mais néanmoins présents sur le site, le caméléon de Méditerranée, des serpents non venimeux et autres geckos se cachent parmi la flore halophyte partageant l'espace avec quelques arbres à l'image du pin d'Alep, du caroubier ou encore de l'olivier. L'île s'éveille aux problèmes environnementaux et des conflits éclatent parfois entre protecteurs de la nature et défenseurs des pratiques cynégétiques traditionnelles. Ici la chasse et le braconnage font partie d'un héritage transmis depuis fort longtemps et ces habitudes demeurent encore vivaces dans l'esprit des Maltais. Cependant les nouvelles générations semblent avoir pris conscience du problème et sont plus à l'écoute et respectueux de l'environnement. Bien que la découverte insolite de fossiles et d'ossements d'hippopotames et d'éléphants puisse surprendre, la faune actuelle sur l'archipel se révèle finalement assez pauvre. La chasse rend la vie des oiseaux, des lagomorphes (mammifère rongeur) et des hérissons difficile. On dénombre quand même quatre espèces endémiques de lézards, quatre de serpents non venimeux et le trop rare caméléon méditerranéen. Les différents lézards habitent des zones bien distinctes en fonction de leur espèce, à savoir le rocher de Fungus, les îles de Saint-Paul Bay ou encore l'île de Filfla. Côté amphibiens, la *Discoglossus pictus pictus,* appelée grenouille peinte, est la seule représentante du type sur tout l'archipel. Concernant la faune aviaire, on peut observer 375 espèces dont le cormoran huppé, le vautour percnoptère ou encore le murill – merle ou monticole bleu -, oiseau national maltais.

Excepté la forêt de Buskett (ancien parc de chasse des Chevaliers et dernier bastion vert maltais), les bois ont quasiment disparus de Malte. Quelques espèces ont été importées à l'instar du ficus, du bougainvillier, de l'hibiscus et du palmier. Quelques cyprès, chêne verts, caroubiers, pins, orangers, citronniers, oliviers et hêtres poussent encore à Buskett, mais cela reste très confidentiel sur l'archipel.

Marcher à Malte est une activité qui se développe de plus en plus. Généralement, les randonnées ne sont pas de grande ampleur et le relief peu accidenté ne pose pas véritablement de problème. Elles permettent de découvrir des recoins sauvages, des lieux de baignade confidentiels et de nombreuses curiosités géologiques dont la formation est étroitement liée à la nature des roches. En été, la chaleur peut s'avérer rédhibitoire pour l'activité et si cela est possible, on préférera le printemps pour sillonner l'île parmi une véritable symphonie florale alternant teintes chaudes et froides tout le long des parcours… Délicieuse ivresse 100 % pur Malte…

La Vénus de Malte (3000-2500 av. J.-C.), statue de nu féminin dont malheureusement la tête ne fut jamais retrouvée.

En haut
Les roches sédimentaires de l'île de Gozo prennent parfois des formes insolites, comme ici où elles évoquent une paire de lunettes, voire la tête d'un crabe.

En bas
Symbole de la religion chrétienne très présente à Malte.

Double page suivante
Le pilier aux allures de patte d'éléphant de l'esthétique arche de la Blue Grotto plonge dans les eaux turquoise de la Méditerranée.

Randonnées à Malte

44 DINGLI CLIFFS PAR LE CHEMIN DES CHAPELLES

Coordonnées 35°50'32.07"N 14°23'55.51"E
Départ Tal-Lunzjata chapel. Depuis l'aéroport international, prendre la route (132) pour Siggiewi. Au sud de la bourgade, gagner en direction du sud-ouest la chapelle (30°5'26"N 14°24'34"E).
Dénivellation non significative
Horaire A/R moyen 2 h
Difficulté aucune
Matériel spécifique aucun
Guide non
Intérêts particuliers panorama

Les falaises de Dingli offrent de spectaculaires points de vue depuis la longue ligne d'escarpement qui surplombe la mer. Si la verticalité est omniprésente, elle est cependant de temps à autre interrompue par de vastes terrasses cultivées où l'eau est stockée dans de nombreuses citernes dissimulées dans des murs de pierres sèches.

Le moment le plus propice pour l'observation de ces falaises calcaires est le soir au moment du coucher du soleil alors que les roches blanches prennent une chaude couleur orangée. Le soleil file terminer sa course vers la fine ligne d'horizon qui sépare pour de trop courtes minutes encore le ciel et la mer. Le paysage s'embrase et le miroir doré à la surface de l'eau prolonge la luminosité déclinante de l'astre solaire. La magie opère alors que lentement la nuit nous enveloppe assombrissant peu à peu le nuancier pastel à l'origine de cette féerie…

➤ Suivre la petite route qui évolue sous les falaises pour atteindre la Tal-Lunzjata Chapel où se situe un panneau d'interprétation du site. Continuer sur la route pour arriver cette fois-ci à la Tal-Karmnu Chapel. Le chemin file ensuite à droite pour passer sous les escarpements où l'on découvre des habitations troglodytiques. Sur la gauche, un long mur d'enceinte borde la piste devenue pierreuse. De nombreux pigeons nichent dans les falaises environnantes. Le chemin poursuit tranquillement sont ascension pour finalement gagner le plateau de Gebel Ciantar. Il se termine par quelques lacets qui se faufilent entre de curieuses formations géologiques, pinacles, tourelles et autres monolithes aux formes insolites. De là, en rejoignant la route au nord on peut aisément parvenir au point culminant de l'île, le Ta'Dmejrek (257 m), 600 m plus loin. Durant la progression peut-être aurez-vous l'opportunité de rencontrer le lapin, le hérisson, un des geckos endémiques des lieux, le serpent fouet ou encore le serpent léopard ?

Coucher de soleil aux Dingli Cliffs.

À droite
Une rue typique de Malte.

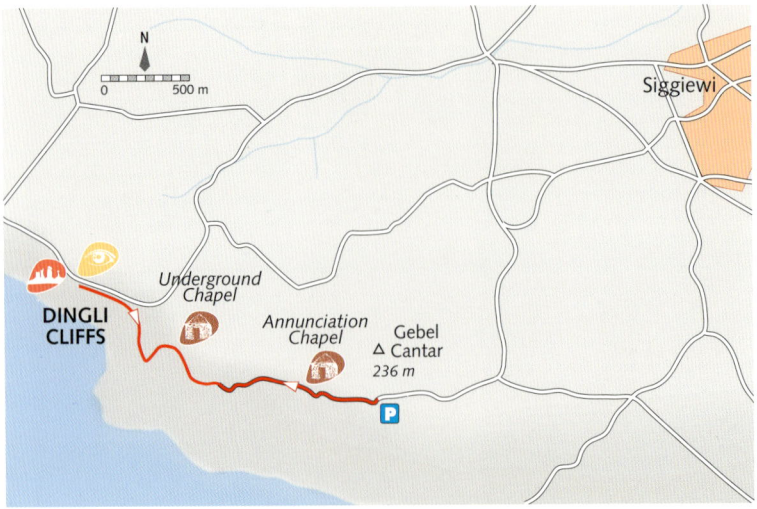

Archipel des Mascareignes

Archipel des Mascareignes

Un voyageur est une espèce d'historien ; son devoir est de raconter fidèlement ce qu'il a vu ou ce qu'il a entendu dire ; il ne doit rien inventer, mais aussi il ne doit rien omettre.

Chateaubriand

L'archipel des Mascareignes évoque principalement exotisme, cocotiers et plages de sable fin. Immergeant de l'océan Indien, cet ensemble comprend trois îles principales répondant aux doux noms de Réunion, Maurice et Rodrigues. Si cet archipel doit son nom au navigateur portugais qui le découvrit (Pedro de Mascarenhas), ce sont surtout les Français et les Anglais qui se disputèrent ces bouts de terre situés au large de l'Afrique.

Malgré les distances entre les diverses îles, ces dernières forment une entité d'origine volcanique où seule la Réunion possède encore une activité éruptive. L'île Bourbon, comme fut appelée la Réunion, appartient à la France alors que Rodrigues est la propriété de Maurice. Rodrigues tire son nom de Diogo Rodrigues (1500-1557), navigateur portugais, qui nomma de son côté l'archipel des Mascareignes en hommage à son confrère Pedro de Mascarenhas. Vous suivez toujours ?

La Réunion possède le point culminant du groupe et l'un des volcans les plus actifs au monde, le piton de la Fournaise. À l'inverse de Maurice, cette île est plutôt tournée vers l'intérieur où l'offre pléthorique de sentiers balisés en fait un véritable paradis pour les randonneurs.

L'île Maurice est plus propice aux séjours *farniente* le long de ses plages de sable blond face auxquelles s'étalent de somptueux lagons. Mais depuis plusieurs années, une nouvelle forme de tourisme est apparue. On y vient pour profiter des nombreux sites naturels que recèle cette région des Mascareignes. Il n'est plus surprenant de rencontrer des randonneurs le long des sentiers du parc national, des adeptes du canyoning dans les gorges reculées ou encore des téméraires qui « s'attaquent » au morne Brabant par la voie sportive (via cordata).

Également d'origine volcanique, Rodrigues est la plus petite île des Mascareignes. Elle culmine à 398 mètres et présente un relief tourmenté où l'on peut découvrir de nombreuses cavernes parmi des reliefs alternant entre roches basaltiques et complexes sédimentaires. Son lagon présente la particularité d'être deux fois plus étendu que l'île elle-même. Malgré sa taille modeste et ses « petits » 18 kilomètres de long, une visite à Rodrigues peut très bien compléter un séjour à Maurice ou à la Réunion… voire les deux.

Double page précédente
Derniers rayons de soleil sur la plage de Trou aux Biches.

À droite
Les chutes de Chamarel issues des rivières de Viande Salée et de Saint-Denis présentent une hauteur d'une centaine de mètres.

Réunion

Située dans l'océan Indien à presque 800 kilomètres des côtes est de Madagascar, la Réunion constitue avec ses îles voisines Maurice et Rodrigues l'archipel des Mascareignes. Elle est caractérisée par un climat tropical sous l'influence des alizés. L'île possède de nombreux atouts comme la multiplicité ethnique de sa population, une flore endémique de premier ordre, une faune non hostile et une variété de paysages exceptionnelle.

Un Bourbon à la Réunion

S'il semble acquis que l'île fut découverte officiellement par les Portugais vers 1500, on retiendra cependant que ce sont les Français qui s'y établirent les premiers de façon permanente au nom du roi en 1642. Elle se nomme alors l'île Bourbon. À partir des années 1700, cette dernière connaît un essor économique conséquent avec la production du café et la mise en place par Bertrand-François Mahé de La Bourdonnais, gouverneur

Pays : France
Langue : français
Monnaie : euro
Capitale : Saint-Denis
Point culminant : piton des Neiges (3 069 m)
Courant : 220 v
Décalage horaire : GMT +4
Formalités : carte d'identité en cours de validité
Période recommandée : de décembre à avril
Randonnée : sentiers très bien entretenus. Excellent balisage.
Coups de cœur : lever de soleil au piton des Neiges
En faire plus : survol du volcan en hélicoptère, canyoning avec Aventure Péi
Géomorphosites et autres curiosités naturelles : le gouffre, le trou du Souffleur à Saint-Leu, arche naturelle depuis l'Entre-Deux
Produits locaux à ramener : rhum, vanille bourbon et sel de mer à la vanille
À déguster sur place : achards (préparation de légumes), civet de zourites, ananas Victoria
OT : www.reunion.fr
À lire : *L'île de la Réunion – Les plus belles courses et randonnées*, Vincent Terrisse (éditions Glénat)

Au sommet du piton des Neiges.

Réunion

général des Mascareignes (1699-1753), d'une politique de développement prospère. En dix années, il fait de l'île Bourbon un fleuron de l'océan Indien. Parallèlement, Pierre Poivre (1719-1786) s'investit énormément dans la diversification de la flore locale, notamment dans le domaine des épices. En 1793, l'île Bourbon devient l'île de la Réunion puis, en 1806, l'île Bonaparte. En 1810, elle passe sous domination britannique avant d'être rétrocédée à la France en 1814. Enfin, le 19 mars 1946 la Réunion obtient le statut de département d'outre-mer.

L'île à grand spectacle

La Réunion est née il y trois millions d'années avec l'émergence d'un massif montagneux qui culmine aujourd'hui à 3 071 mètres. Il est acquis que l'altitude maximale dans le passé était nettement supérieure à celle mesurée de nos jours. De nombreux effondrements et l'érosion sont probablement responsables de cette évolution géologique. À-pics abyssaux, gorges encaissées, remparts abrupts et nombre prodigieux de cascades ont bien évidemment contribué à surnommer cette région de l'océan Indien : l'île à grand spectacle.

Au sud-est de l'île se situe un des volcans les plus actifs au monde : le piton de la Fournaise. Fierté pour certains, véritable poison économique pour d'autres, ou encore patrimoine géologique exceptionnel pour les scientifiques, LE volcan est sans conteste la vedette des lieux. Il faut voir lors des éruptions l'engouement des locaux et des touristes pour ces manifestations spectaculaires. On se rue sur le site obligeant les autorités à canaliser et à superviser le flot des contemplatifs et autres curieux. Si du haut de ses 2 632 mètres le volcan fascine, et si son activité est l'une des plus importante au monde, il n'est donc pas étonnant qu'il soit étudié et surveillé avec une attention toute particulière. Depuis 1979, l'observatoire volcanologique du piton de la

Ci-dessus
Vue supérieure du Cassé de Bras Sec.

À droite
Le cône de Formica Leo et le piton de la Fournaise.

Fournaise scrute les moindres soubresauts du dragon et fait autorité en matière d'activité éruptive.

Un nouveau parc national français

Bien que l'homme au cours des siècles ait considérablement bouleversé l'écosystème de la Réunion (éradication de 25 espèces d'oiseaux, d'une vingtaine de plantes et de 80 % de la forêt primaire), les scientifiques s'accordent sur le fait que ce morceau de terre perdu dans l'océan Indien demeure exceptionnel en termes de nombre d'espèces présentes sur une surface aussi restreinte. Un tel atout ne pouvait pas rester sans valorisation. C'est ainsi que naquit en 2007 le neuvième parc national français qui sera inauguré l'année suivante. Il a pour vocation principale de sauvegarder l'endémisme sur l'île. Il faut savoir que ce dernier est tout à fait exceptionnel lorsque l'on sait que le nombre d'espèces endémiques par unité de surface y est cinq fois supérieur aux Galápagos. Pour parachever cette valorisation, pitons, cirques et remparts ont été inscrits au patrimoine mondial de l'Unesco. Nous l'avons donc compris, on ne vient pas à la Réunion pour fréquenter les rares plages coralliennes mais plutôt pour découvrir un patrimoine biovégétal hors normes.

Une île où la randonnée est reine

Depuis quelques décennies, la Réunion s'est fait une solide réputation dans le monde de la randonnée. Pour beaucoup, paradoxalement, ce bout de cailloux est tourné vers l'intérieur. Le cirque de Mafate en est l'exemple parfait lorsque l'on sait qu'il n'est accessible que par voie pédestre (voire aérienne notamment pour le ravitaillement des populations). Ici, aucune route, aucune pollution olfactive émanant des véhicules ou encore sonore. Le temps s'arrête à Mafate. Nous verrons plus loin que les ascensions de la roche

Réunion

FUNESTE DESTIN

Le dodo a disparu de cette région du globe, mais également de la planète tout entière. Ce gros oiseau apparenté au pigeon doit son éradication exclusivement à l'activité humaine. Il aura fallu moins d'un siècle pour que l'homme extermine cet animal lourdaud et incapable de voler. Malgré la médiocrité de sa chair, il a subi l'appétit insatiable des chasseurs et des marins qui n'avaient pas à faire preuve de grande stratégie pour tuer ce volatile qui ne fuyait pas devant l'homme et qui ne connaissait pourtant pas d'autres prédateurs.

Si de nos jours la menace de disparition d'une espèce affecte une minorité d'individus, on peut raisonnablement penser que vers 1680 un tel événement ne déclenchait pas la moindre empathie à l'égard d'un animal en voie d'extermination. Cependant, si les temps changent, il faut savoir qu'aujourd'hui une espèce animale ou végétale disparaît toutes les 20 minutes, ce qui représente plus de 26 000 extinctions par an… implacables mathématiques et triste constat…

Écrite et du Grand Bénare offrent d'exceptionnels points de vue sur ce cirque sauvage. On y découvre un paysage complexe et accidenté couvert d'un tapis verdoyant et foisonnant de plantes. À l'est, c'est le cirque de Salazie qui représente le second pétale du «trèfle géomorphologique» formé par les trois cirques. C'est le plus humide et donc le plus vert de tous et c'est tout naturellement l'ascension du piton d'Enchaing qui permet le mieux de s'imprégner de l'exubérance du site. Au nord enfin, on découvre Cilaos et la route aux 400 virages qui donne accès à cette petite bourgade où l'on y brode encore de magnifiques napperons selon la tradition bretonne et où l'on y déguste le «vin interdit» qui rend fou (initialement, une «piquette» élaborée à base de cépage isabelle). Cilaos, c'est aussi le point de départ de la voie normale pour dompter le piton des Neiges, le toit de l'île qui s'embrase dès les premiers rayons de soleil et dont l'ombre à ce moment précis se projette paresseusement dans l'océan Indien.

Forte de plus de 1 000 kilomètres de sentiers de randonnée, la Réunion peut s'enorgueillir de posséder un réseau d'itinéraires pédestres

Ci-dessus
Le dodo a malheureusement disparu de la surface du globe à l'instar de nombreux autres représentants du monde animal.

À droite
Saint-Denis vu depuis le belvédère du pic Adam, accès à la roche Écrite.

extraordinaire. Et il y en a pour tous ! De la petite balade familiale à la traversée complète de l'île. Le balisage est d'excellente qualité et les chemins font l'objet d'une attention toute particulière. En permanence entretenus et sécurisés, ils offrent aux randonneurs un confort appréciable dans la majeure partie de l'île. Il devient alors possible d'admirer une multitude de cascades jalousement gardées à l'abri des regards ou encore d'accéder aux plus hauts points de vue.

Si la soif d'aventure pour certains semble sans fin, la pratique du canyoning est une excellente alternative pour découvrir les recoins les plus secrets et donc les plus sauvages de l'île Bourbon. Plusieurs structures proposent sur place des accompagnements dont Aventure Péi et sa sympathique équipe.

Avantage indéniable pour certains, mais inconvénient pour d'autres qui souhaiteraient pimenter un peu plus leurs randonnées, la Réunion n'abrite pas d'animaux dangereux. Ici, pas de serpents ou de venimeux arachnides. Point non plus de malaria ou autres maladies tropicales obligeant à passer par la case vaccination avant le départ.

Les itinéraires proposés dans les pages suivantes ont été sélectionnés pour leur ambiance et la beauté des sites explorés. L'accent a été mis sur leurs côtés panoramique et insolite. Au « Big Four », représenté par les incontournables (piton des Neiges, roche Écrite, Grand Bénare et piton de la Fournaise), a été ajouté le piton d'Enchaing pour sa position centrale et sa vue de premier ordre sur le cirque de Salazie. Enfin, petite satisfaction personnelle lorsque l'on foule le sommet du piton des Neiges… nous sommes ici sur le point culminant des Mascareignes et de l'océan Indien.

Randonnées à la Réunion

45 LA ROCHE ÉCRITE
Coordonnées 21°0'53.33"S 55°27'40.24"E
Départ parking de Mamode. De Saint-Denis, gagner le Brulé puis poursuivre sur la route forestière jusqu'à l'aire de stationnement.
Dénivellation + 1 100 m
Horaire A/R moyen 6 h 30
Difficulté aucune
Matériel spécifique aucun
Guide non
Intérêts particuliers panorama sommital magnifique

D'une superficie de 3 636 ha, la Réserve de la Roche Écrite date de 1999. Le but de sa création était la préservation d'une flore unique au monde et d'une faune chancelante dans les années 80. En 1986, il ne restait qu'une trentaine de couples de tuit-tuit, oiseau endémique de la Réunion. C'est donc dans un secteur au patrimoine naturel exceptionnel que va se dérouler l'ascension de la roche Écrite. Si au

Le gîte de la Plaine des Chicots.

sommet comme son nom le laisse supposer, de nombreuses écritures «décorent» les dalles, il est toutefois recommandé de ne pas en rajouter afin de préserver ce site extraordinaire. Ici, si l'on a su arriver avant le milieu de la matinée, avant que «ça fume», le spectacle est grandiose sur les cirques de Mafate et Salazie.

▶ Le sentier quitte le parking pour entrer dans la forêt de bois de couleurs (formation végétale composée de diverses essences dont certaines endémiques). La progression est facile dans une pente douce qui mène tranquillement en 2 heures au gîte de la Plaine des Chicots. Au-delà du site (très agréable clairière), le chemin se poursuit sans difficulté pour atteindre une zone de grandes dalles (marques blanches) que l'on emprunte jusqu'au sommet de la roche Écrite (2 277 m, point géodésique).

46 LE GRAND BÉNARE
Coordonnées 21°6'58.02"S 55°25'19.74"E
Départ parking du Maïdo. De Saint-Paul, prendre la direction de Fleurimont puis continuer jusqu'au terminus de la route du Maïdo. Beau parking.
Dénivellation + 750 m
Horaire A/R moyen 6 h
Difficulté aucune
Matériel spécifique aucun
Guide non
Intérêts particuliers parcours aérien et panorama sommital magnifique, notamment sur le cirque de Mafate.

Le Grand Bénare compose le «Big Four» de l'île de la Réunion avec le piton des Neiges, la roche Écrite et le piton de la Fournaise. Ces quatre sommets offrent de splendides panoramas à quiconque aura su les dompter. Quatre incontournables que tout randonneur se doit de gravir. On ne sera donc pas surpris de se remettre en mémoire que le Grand Bénare est le deuxième plus haut sommet de l'île (2 896 m) lorsque l'on vient toucher la croix sommitale au terme d'une ascension «délicieusement» panoramique et aérienne.

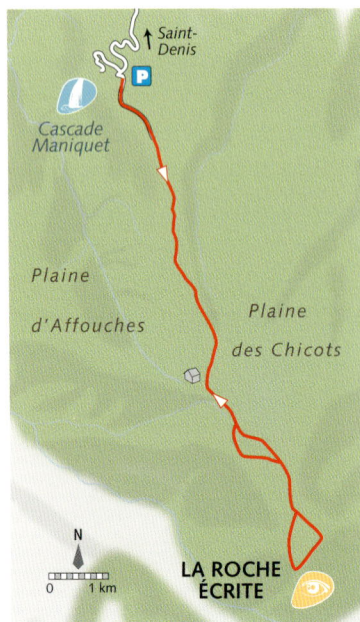

Randonnées à la Réunion

La forêt typique de la Réunion.

▶ Avant de débuter l'ascension du Grand Bénare, un petit détour au belvédère du Maido s'impose. Le panorama sur le cirque de Mafate est tout simplement extraordinaire avec une vue plongeante sur roche Plate et le Bronchard. Du parking, un panneau indique la direction à prendre et un bon sentier file plein sud. La montée est tranquille parmi les brandes, les tamarins rabougris, les genêts et les ajoncs. Après 1 h 30 de marche, l'itinéraire vient flirter avec le rempart. Désormais, le parcours devient bien plus aérien et la pente se raidit quelque peu. Des panneaux invitent à la prudence. Atteindre après un peu plus de 3 heures de balade panoramique la belle croix blanche sommitale où un somptueux paysage se dévoile sous les yeux des randonneurs contemplatifs. Pour la descente, il est possible d'effectuer une boucle en passant par la caverne de la Glaciaire (panneaux indicateurs).

47 LE PITON D'ANCHAING

Coordonnées 21°2'38.01"S 55°29'59.72"E
Départ Îlet à Vidot. Depuis Hell-Bourg gagné depuis Saint-André, continuer en direction de l'Îlet à Vidot. De là, descendre la piste carrossable jusqu'au parking.
Dénivellation + 750 m
Horaire A/R moyen 4 h
Difficulté raideur des pentes
Matériel spécifique aucun
Guide non
Intérêts particuliers panorama sommital, possibilité de bivouac au sommet

Enchaing, Anchaing ou encore Anchaine, qu'en est-il de ce nom curieux aux multiples orthographes ? On raconte qu'un esclave répondant au nom d'Anchaing se serait réfugié au sommet du piton rocheux homonyme avec sa compagne Héva afin de fuir les esclavagistes. Il est dit également qu'ils y restèrent cachés plus de vingt années de leurs vies. Évoqué par les poètes locaux, ce personnage incontournable du folklore réunionnais, malgache de naissance, demeure toujours très présent dans la culture créole. L'ascension de ce magnifique belvédère offre de panoramiques vues sur le cirque de Salazie et bien entendu sur l'imposante masse du piton des Neiges tout proche. Reste que cette récompense se mérite et que cette randonnée s'adresse aux randonneurs aguerris.

▶ Du parking, descendre jusqu'à une passerelle métallique enjambant la rivière du Mat pour monter ensuite jusqu'à une bifurcation. Suivre toujours la direction « Piton d'Anchaing » pour gagner un « Ti Bon Dié » (oratoire). À partir de là, le sentier se redresse de manière significative et les « choses » sérieuses commencent. La progression devient plus difficile et le chemin parfois étroit est bien souvent glissant, nécessitant une attention régulière. Après une heure d'effort passée à gravir la raide pente, on parvient enfin sur le plateau sommital. De là, un sentier circulaire parmi les goyaviers permet de découvrir depuis ce magnifique belvédère le cirque de Salazie et la sympathique bourgade d'Hell-Bourg.

Randonnées à la Réunion

48 LE PITON DES NEIGES

Coordonnées 21°5'46.55"S 55°28'49.99"E
Départ le Bloc. Depuis Cilaos, prendre la direction de Bra Sec pour stationner après 3 km au lieu-dit le Bloc. Attention, veiller à ne rien laisser en vue dans les véhicules.
Dénivellation + 1 700 m
Horaire A/R moyen 8 h (ou 2 jours)
Difficulté dénivellation, raideur des pentes
Matériel spécifique frontale en cas de départ de nuit
Guide non
Intérêts particuliers panorama sommital époustouflant (surtout au moment du lever de soleil), point culminant de l'île.

Des palmiers éléphant dans l'anse des Cascades.

En haut
Le volcan de la Fournaise.

En bas
Le Grand Bénare.

L'ascension du piton des Neiges est incontournable pour tout randonneur visitant la Réunion. La dénivellation positive avoisinant les 1 700 m peut dissuader certains, mais il faut garder à l'esprit qu'il y a tout intérêt à scinder cette ascension en deux. Une nuit au gîte de la Caverne Dufour est conseillée. Un départ au petit matin à la frontale permet d'atteindre le sommet avant le lever de soleil et d'attendre ce dernier en toute sérénité, le doigt prêt à presser le déclencheur de l'appareil photographique. L'instant est magique lorsque le sol s'embrase et que l'ombre de l'île se dessine à la surface de l'océan.

➤ J1 : le sentier balisé débute du parking même. Il grimpe sur les flancs du rempart (falaise, précipice) parmi la végétation. Bien que raide, il ne présente pas de difficulté majeure. À mi-chemin, il atteint le plateau du Petit Matarum flanqué d'un abri, lieu idéal pour faire une pause et se ravitailler en eau. Le chemin poursuit sa course sur le rempart par de nombreux lacets. Peu à peu, la forêt de bois de couleurs fait place à la végétation éricoïde (qui ressemble à une bruyère) de brandes. Au terme de 5 km de marche, une Vierge annonce la sortie du rempart. De là, le refuge n'est plus qu'à quelques centaines de mètres.

➤ J2 : la seconde partie de l'ascension débute du gîte de la Caverne Dufour. Cette section est pénible car elle se déroule parmi la caillasse, voire de nuit si l'on a opté pour 2 jours. Il faut alors grimper dans un univers minéral où la végétation se fait de plus en plus rare. Au bout d'un peu plus d'1 h 30 de marche depuis le gîte, on finit par atteindre les 3 071 m du toit de la Réunion.

49 LE PITON DE LA FOURNAISE

Coordonnées 21°14'33.66"S 55°42'33.00"E
Départ parking de Bellecombe. Depuis Saint-Pierre, prendre la direction de Bourg-Murat puis celle de la plaine des Sables pour atteindre l'aire de stationnement de Bellecombe au bord de l'Enclos.
Dénivellation + 800 m
Horaire A/R moyen 5 h
Difficulté aucune
Matériel spécifique aucun
Guide non
Intérêts particuliers paysages volcaniques grandioses

Le piton de la Fournaise culminant à 2 631 m d'altitude compte parmi les volcans les plus actifs de notre planète avec en moyenne une éruption tous les neuf mois. Randonner sur ses flancs n'est donc pas toujours possible, l'accès étant interdit lors des éruptions.

Cette ascension est très prisée par les touristes et les locaux qui découvrent ou redécouvrent ici des paysages volcaniques particulièrement grandioses. Ce fut principalement le cas le samedi 2 août 2003 au matin où 5 cm de neige recouvraient le volcan, phénomène rarissime à l'origine de monstrueux embouteillages sur l'île où nombreux étaient ceux qui désiraient récolter de l'or blanc.

➤ Du parking, longer le rempart pour gagner le pas de Bellecombe. Passer la barrière et plonger par le raide sentier dans l'Enclos Fouqué. De là, passer à proximité de l'esthétique Formica Leo, petit cratère très visité datant de 1753. Continuer en direction de la Chapelle de Rosemont, cavité naturelle de lave dont le nom provient d'un volcanologue qui avait coutume de s'abriter ici lors de ses travaux. Poursuivre parmi les champs de lave pour atteindre le bord du cratère Bory (2 631 m). À partir de ce point de vue magnifique, entreprendre par une marche parfois malaisée le tour des cratères en évitant au maximum de flirter avec les falaises. Failles instables et terrains scabreux ponctuent cette boucle panoramique à souhait.

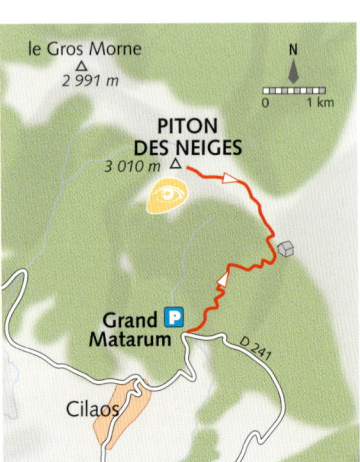

Maurice

Lorsque l'on évoque l'île Maurice, les premières images qui viennent en tête sont celles de plages de sable fin bordées de cocotiers sous lesquels flânent de nombreux touristes. Cette ancienne colonie britannique est devenue depuis plusieurs décennies une destination de rêve pour les personnes fortunées mais aussi pour ceux dont les revenus sont plus modestes. Cependant cette vision de l'esprit est quelque peu réductrice.

▎Entre farniente et digressions sportives

Le voyageur curieux découvre vite les autres atouts dont dispose Maurice. Moins montagneuse que sa voisine la Réunion, mais disposant d'un grand nombre de plages paradisiaques, elle se révèle être un excellent compromis pour des vacances aux activités multiples. Maurice, située à 200 kilomètres de l'île Bourbon, présente un

Pays : Mauritius
Langue : anglais (officielle), français et créole assez répandu, voire très répandu pour le créole.
Monnaie : roupie mauricienne
Capitale : Port-Louis
Point culminant : piton de la Petite Rivière Noire (828 m)
Courant : 220 v
Décalage horaire : GMT +4 (+3 en hiver, +2 en été)
Formalités : passeport en cours de validité
Période à privilégier : printemps et automne
Randonnée : balisage restreint hors des grandes classiques
Déplacements sur l'île : location de véhicule recommandée
Coups de cœur : piton de la Petite Rivière Noire
En faire plus : visite de Port-Louis, plongée, flânerie dans les jardins de Pamplemousse
Géomorphosites et autres curiosités naturelles : morne Brabant (Classé Unesco), îlot du Bénitier, Trou-aux-Cerfs, Terres des Sept Couleurs, chutes de Chamarel
Produits locaux à ramener : rhum
À déguster : pudding manioc, cari de canard
OT : www.tourism-mauritius.mu/fr

Le morne Brabant vu depuis les rivages de l'île aux Bénitiers.

tiers de ses côtes sous la forme de plages voisines de somptueux lagons. Mais à l'intérieur, trois éminences vertes couvertes de végétation tropicale rappellent que l'île est d'origine volcanique. Son point culminant (828 m) est le piton de la Petite Rivière Noire et son ascension est de nos jours très prisée par les Mauriciens et des randonneurs de passage. Si en termes d'offres de randonnées Maurice ne peut pas concurrencer la Réunion, il n'en demeure pas moins que l'on peut y pratiquer de belles promenades à la découverte de cascades et autres sommets panoramiques.

Les activités nature se développent et nombreux sont les touristes qui se laissent tenter par des séjours plus « aventureux ». Au sud-ouest de l'île, le Parc national des Gorges de la Rivière Noire dispose d'un maillage de sentiers balisés qui explore sans difficultés majeures ce coin de paradis destiné aux amoureux de la nature. L'immersion dans cet univers de verdure conjugué à la découverte de splendides cascades ne laisse aucun visiteur indifférent. Non loin de là, le morne Brabant, marquant l'extrémité ouest de Maurice, est inscrit au patrimoine mondial de l'Unesco depuis 2008 et son ascension réclame 2 h 30 de marche modérée. Les plus aguerris pourront tenter de gravir ses 556 mètres par un itinéraire plus complexe comportant une section de via cordata à partir de 260 mètres d'altitude. Du sommet, la vue est superbe notamment sur l'île aux Bénitiers que nous visiterons car il serait dommage de se priver de la découverte de ce spot paradisiaque.

Une nature méconnue

Découverte par les Portugais autour de 1500 et baptisée Ilha do Cirne, Maurice fut tour à tour portugaise, hollandaise (Mauritius), française (Isle de France), anglaise (Mauritius) et enfin indépendante, membre du Commonwealth. Son climat tropical sud comprend deux saisons inversées par rapport à l'hémisphère nord : l'été austral

Ci-dessus
La chapelle de Cap Malheureux.

À droite
Les rivages colorés de la mare aux Vacoas.

Doubles pages suivantes
Les terres de couleur de Chamarel, site très prisé des touristes.

Sublime coucher de soleil sur le piton de la Petite Rivière Noire depuis Curepipe.

humide et chaud de novembre à avril où sévissent les cyclones et l'hiver relativement plus sec.
Désireuse de conserver son riche patrimoine écologique, l'île s'est dotée depuis une cinquantaine d'années de plusieurs réserves naturelles dont la plus importante est le Parc national des Gorges de la Petite Rivière Noire. Bon nombre d'itinéraires ont été tracés, mais le balisage n'est pas exemplaire et les topoguides ne sont pas légion. Aussi trouve-t-on sur l'île de petites structures proposant d'effectuer des balades de tous types. Concernant la faune, outre le dodo, bien des espèces d'oiseaux ont disparu au fil du temps. Heureusement, la faune aviaire est assez riche grâce notamment à la Mauritian Wildlife Foundation qui a joué un rôle prépondérant pour la protection des espèces en voie d'extinction. Du côté des mammifères, ce sont les Néerlandais qui introduisirent le cerf de Java et le sanglier. Quant aux singes, ces macaques originaires de Malaisie, ce sont les Portugais qui les amenèrent. Friands de leur chair, les Mauriciens les chassent parfois. De nos jours, on les retrouve dans les environs du piton de la Petite Rivière Noire et de Plaine Champagne. Concernant la flore, il s'agit typiquement d'essences tropicales et subtropicales dont cinq espèces de palmiers endémiques.

RETOUR AU BERCAIL
Nous sommes en 1990 et le *Cylindrocline lorencei*, plante endémique de Maurice disparaît de son milieu naturel. Heureusement, vingt ans auparavant, un botaniste du Conservatoire national de Brest avait décidé de recueillir des graines de cette plante menacée. Envoyées en Bretagne, les graines finissent par germer au prix de complexes manipulations biologiques et à perpétuer ainsi l'espèce. Le conservatoire devint alors le dernier dépositaire de cette lignée végétale.
Il y a trois ans, un premier envoi de plants en terre mauricienne a eu lieu et une trentaine de pieds commencent à s'acclimater dans leur nouvel environnement à la pépinière Robinson. Une seconde livraison est programmée pour l'été 2014. La réintroduction de cette plante miraculée dans son milieu naturel semble donc en bonne voie.

Randonnées à Maurice

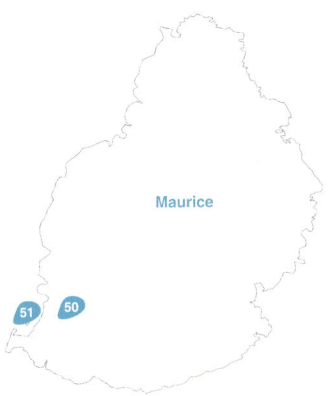

En haut
L'îlot aux Bénitiers.

En bas
Fronton de temple tamoul.

Ci-contre
Le piton de la Petite Rivière Noire.

50 LE PITON DE LA PETITE RIVIÈRE NOIRE

Coordonnées 20°24′15.75″S 57°24′32.56″E
Départ route de Plaine Champagne. De Quatre Bornes, prendre sur une vingtaine de km la route menant à Chamarel par Plaine Champagne. Laisser son véhicule aux abords du point de vue sur Black River Gorges (parking).
Dénivelée + 430 m
Horaire A/R moyen 2 h 45
Difficulté final raide
Matériel spécifique aucun
Guide facultatif
Intérêts particuliers panorama sommital depuis le point culminant

Cette randonnée est avant tout l'ascension du point culminant de Maurice. Bien que la première partie de cette balade se présente comme une succession de montées et descentes, elle ne paraît jamais fastidieuse ni même monotone. La progression parmi la végétation délivre toutefois l'opportunité de jouir de beaux panoramas. Le final est raide mais relativement court. L'itinéraire très fréquenté ne laisse aucune ambiguïté quant au cheminement à emprunter. Du sommet, la vue est somptueuse sur l'ensemble du territoire. À l'ouest, l'île aux Bénitiers, que nous aurons l'occasion de parcourir, laisse augurer d'agréables baignades durant cette randonnée côtière.

▶ La randonnée débute dans la végétation. Le sentier bien marqué se fraye facilement un passage parmi les goyaviers et autres essences caractéristiques des paysages mauriciens. Pendant près de 2 heures, se succèdent plusieurs montées et descentes sans que le cheminement ne présente de réelles difficultés. Au terme de cette première partie, la pente va nettement se raidir lorsque l'on arrive au pied même du piton. Malgré la densité de la végétation, de belles vues sur le village de Chamarel agrémentent agréablement le parcours qui ne se révèle jamais ennuyeux. À partir de là, la progression devient plus délicate et l'aide des mains s'avère bien précieuse dans les raides pentes où prospère une végétation buissonnante. Après un gros quart d'heure d'effort et de prudence, le point culminant de Maurice est atteint. L'océan Indien s'étale désormais 828 m en contrebas. La vue est magnifique depuis ce belvédère d'où l'on domine les gorges de la Rivière Noire, l'étendue du parc national éponyme et les montagnes du Morne et du Rempart.

Le retour s'effectue par le même itinéraire tout en restant vigilant lors de la descente du piton.

51 LE TOUR DE L'ÎLE AUX BÉNITIERS

Coordonnées 20°25′1.92″S 57°20′43.37″E
Départ la Gaulette
Dénivellation aucune
Horaire A/R moyen 1 h 15
Difficulté aucune
Matériel spécifique maillot de bain
Guide oui pour la liaison entre l'île Maurice et celle aux Bénitiers
Intérêts particuliers splendeur des plages et du lagon

Comme son nom le suggère, cette petite île tire son nom du gros coquillage aux bords dentelés que les missionnaires utilisaient jadis comme bénitier. Ce lieu très prisé des touristes est situé à un demi-kilomètre du village de la Gaulette, au sud-ouest de Maurice. Pour une surface de 500 ha, elle s'étend sur près de 2 km de long tandis que la largeur maximale atteint 500 m. Ses dimensions relativement modestes permettent d'en effectuer le tour au cours d'une merveilleuse promenade durant laquelle on ne manquera pas d'associer de multiples baignades. Parcourir l'estran est un moment inoubliable et il est bien difficile de « s'arracher » de ce petit paradis lorsque l'heure du retour a sonné, mais pour combien de temps encore ? À Maurice, l'implantation d'un complexe hôtelier sur cet îlot est parfois évoquée… Malheureusement, à Maurice comme ailleurs, la notion de paradis reste très subjective et le meilleur peut parfois côtoyer le pire…

▶ Aujourd'hui encore, cet îlot est préservé et il est donc possible de venir y passer la journée afin d'en faire le tour et de profiter de la baignade. Pour cela, il faut s'adresser aux pêcheurs de la Gaulette qui s'y rendent régulièrement pour proposer leurs services aux estivants. Après avoir embarqué, c'est sur l'îlot que l'on met le cap. Aussitôt les pieds sur le sable fin, l'itinéraire est simple et il suffit de suivre le rivage.

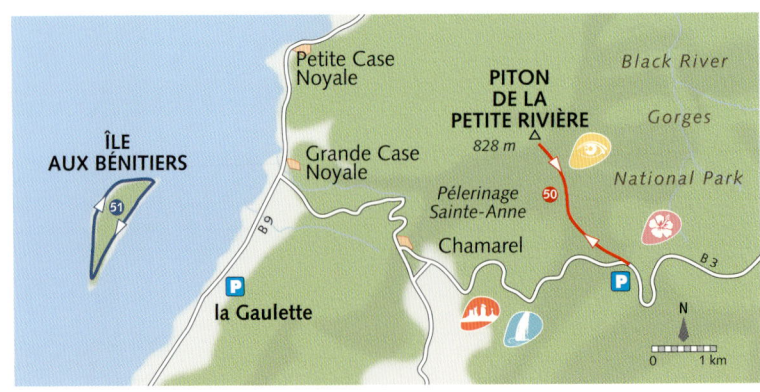

Champ de bombes volcaniques aux Capelhinos.

Toutes les images sont de Jean-Michel Pouy sauf...

Aventure Pei p. 174

Jayen466 p. 67 bas

Jean-Marc Porte p. 50-51

Violaine Pouy p. 188-189

Jean Robert p. 49, 52-53, 57, 172-173, 175

Jean-Paul Rousselet p. 177, 178-179, 180, 181

Mauricette Vout p. 40-41, 42-43, 44-45, 47

Achevé d'imprimer en Italie en septembre 2014 par L.E.G.O. S.p.A.,
sur papier provenant de forêts gérées de manière durable.